体育产业发展趋势研究
——以冰雪运动为例

韩夫苓／著

吉林出版集团股份有限公司
全国百佳图书出版单位

版权所有 侵权必究

图书在版编目（CIP）数据

体育产业发展趋势研究：以冰雪运动为例 / 韩夫苓著. -- 长春：吉林出版集团股份有限公司，2021.3
ISBN 978-7-5731-0006-1

Ⅰ.①体… Ⅱ.①韩… Ⅲ.①冰上运动—体育产业—产业发展—研究—中国②雪上运动—体育产业—产业发展—研究—中国 Ⅳ.①G812

中国版本图书馆CIP数据核字(2021)第149564号

TIYU CHANYE FAZHAN QUSHI YANJIU: YI BINGXUE YUNDONG WEI LI

体育产业发展趋势研究：以冰雪运动为例

著　　者	韩夫苓	责任编辑	刘晓敏
出版策划	齐　郁	封面设计	雅硕图文

出　　版	吉林出版集团股份有限公司
	（长春市福祉大路5788号，邮政编码：130118）
发　　行	吉林出版集团译文图书经营有限公司
	（http://shop34896900.taobao.com）
电　　话	总编办 0431-81629909　营销部 0431-81629880/81629881

印　刷	长春市华远印务有限公司	开　本	787 mm×1092 mm　1/16
印　张	11.25	字　数	200千
版　次	2022年6月第1版	印　次	2022年6月第1次印刷
书　号	ISBN 978-7-5731-0006-1	定　价	68.00元

印装错误请与承印厂联系

前　　言

　　本书的研究内容涉及体育产业的各个方面，主要侧重研究我国体育产业的发展和体育产业的市场化运营，结合我国体育产业的发展情况提出科学发展战略，兼具理论和实践的指导意义。

　　本书首先介绍了体育产业的发展情况，包括体育产业的发展历程和当前面临的主要问题；其次分析了我国及发达国家体育产业结构的演进与优化路径，对我国体育产业发展政策进行了系统阐述；再次对我国体育产业经济效益和经济建设的意义进行了分析，同时研究了我国体育产业中创意经济的特点、竞技体育产业的发展；最后系统分析了体育旅游文化产业的发展与市场化运营的理论与管理策略。

目 录

第一章 体育产业的前进与发展 …………………………………… 1
 第一节 体育产业的前进步伐 ………………………………… 1
 第二节 体育产业前进的历史 ………………………………… 7
 第三节 我国体育产业发展存在的问题及发展对策 ………… 12

第二章 中国体育产业研究 ………………………………………… 24
 第一节 体育产业的界定和统计 ……………………………… 24
 第二节 体育产业发展的制度创新需求与供给 ……………… 33
 第三节 体育产业发展与经济增长 …………………………… 40
 第四节 体育经济发展理论 …………………………………… 46
 第五节 我国体育产业发展趋势 ……………………………… 54

第三章 我国体育产业发展政策研究 ……………………………… 69
 第一节 西方国家体育产业发展政策分析 …………………… 69
 第二节 当前我国体育产业发展政策分析 …………………… 77
 第三节 我国体育产业发展政策制定和执行中存在的问题及
     解决对策 ……………………………………………… 82

第四章 我国体育产业结构的演进与优化研究 …………………… 89
 第一节 体育产业的结构与演进 ……………………………… 89
 第二节 我国体育产业结构的演进与分析 …………………… 94

第三节　发达国家的体育产业结构演进与启示 …………… 97
　　第四节　我国体育产业结构优化道路的选择 ………………… 101

第五章　我国体育产业中创意经济特点研究……………………… 105
　　第一节　新常态下我国经济的发展 …………………………… 105
　　第二节　我国体育产业经济效益对经济建设的作用 ………… 121
　　第三节　体育产业中创意经济特点分析 ……………………… 126

第六章　黑吉辽冰雪体育旅游文化产业研究……………………… 127
　　第一节　黑龙江省发展冰雪旅游文化产业的政策研究 ……… 127
　　第二节　吉林省冰雪体育旅游业的发展现状及对策研究 …… 137
　　第三节　辽宁省冰雪体育旅游发展对策研究 ………………… 155

第一章 体育产业的前进与发展

第一节 体育产业的前进步伐

一、体育产业发展的历史

（一）国外体育产业的形成

从一些现有的文献可以了解到，现代体育的产生和体育产业的产生都来自英国。比如说，现代足球就起源于英国。后来，现代足球和一些其他流行于英国上流社会的运动项目逐渐传入了其他的国家和地区，并被世界各地的人民赋予了各自的民族特色，而这些运动项目的传播与流行，正为体育产业的形成和发展创造着条件。

体育产业最早是一个英国贵族的新尝试，他第一次将企业管理的一些制度运用到了俱乐部的管理上，并且因为取得了前所未有的经济效益，而被其他人争先效仿。国外的体育产业就是在这样的一个背景下产生的，这同时也反映了管理制度在体育事业经营上的重要性。

在美国，许多效仿英国赛马俱乐部管理方式的俱乐部都因资金问题而倒闭，但是其中有一家企业采用了收取门票费用来营利的方式，取得了良好的收益效果。美国商业化的历史进程是非常值得其他国家借鉴学习的。以全球体育营销巨头国际管理集团（IMG）为例，IMG以目前的规模和地位，可以利用在全球的资源、专业经验及人脉关系，来为客户挖掘最大的潜能。

（二）国外体育产业的前进

奥运会、网球联赛、体育联盟、世界杯、超级碗等竞技体育赛事都具有极大的商业价值，这也是体育产业中盈利巨大的重要环节。除了竞技体育，群众体育也是体育产业发展中不可或缺的一部分。群众体育在商业化的道路上，起步晚于竞技体育，但是由于群众这个庞大的消费群体，以及群众体育其本身所蕴含的巨大商业价值，其发展迅速。体育健身行业的发展甚至已经超过体育竞技行业，成为体育产业的新兴支柱产业。

二、我国体育产业前进发展

改革开放四十多年，我国体育产业的发展取得了巨大的成就。体育产业无论是在发展规模、从业规模、产业结构，还是体育产业的政策建设上都取得了一定成就。但是，我国体育产业在目前发展中暴露出的很多问题还亟待解决。

（一）体育产业发展规模

改革开放以来，我国体育产业的产值不断增加，占国内生产总值（GDP）的比重也在逐步提高。2006—2013年，全国体育产业从业人员增加131.67万人，实现总产出增加7 899.6亿元，增加值为2 580.8亿元。到2014年，我国体育及其相关产业的总规模达到13 574.71亿元，实现增加值4 040.98亿元，占当年GDP的0.64%。在2015年，我国的体育产业增加值为5 494亿元，其增长速度为35.97%，体育产业总值占GDP总值约0.8%。随着经济的发展，以及人们消费水平的提高，体育产业增加值每年都呈现较快的增长趋势。虽然目前体育产业增加值在我国呈现出较快的增长趋势，但是当前我国体育产业无论是在整体发展规模上，还是在占GDP的比重中，与西方体育产业发达国家都还存在一定差距。例如，体育产业增加值在西方发达国家的GDP比重中平均保持在2%~3%，如表1-1所示。而我国当前的体育产业增加值还不到GDP的1%。

表1-1 世界主要发达国家体育产业增加值及GDP占比

年度	国家	体育产业增加值/亿美元	占GDP比重/%
2013	美国	4350	
2011	英国	530.26	
2011	德国	651.56	
2011	法国	301.63	
2011	澳大利亚	129.31	
2011	韩国	315.71	
2006	日本	948.55	

数据来源：国家发展和改革委员会社会发展司，国家体育总局体育经济司.《国务院关于加快发展体育产业促进体育消费的若干意见》100词. [M]. 北京：人民体育出版社，2015.

（二）体育产业从业规模

随着我国体育产业的发展速度不断加快，体育产业的发展规模也在不断扩大，从事体育及其相关产业工作的人也越来越多。在2006年，我国体育从业人员为256.3万人，2014年则为425.77万人，8年时间从业人员增加了169.47万人，从业人员增加了1.66倍。2016年，我国体育产业从业人数达到922.1万人，相当于2005年新增的城镇就业人数，接近2008年从业人员的3倍，年均增长率为14.2%。虽然我国体育产业从业人员的增长率有很大的提高，但是在就业总规模上与西方发达国家相比也还存在较大差距。2007至2011年，美国体育行业就业人口在320万人左右，约占美国总就业人口的2.5%，而中国的就业人口只有约0.4%。特别是在2013年，美国直接从事体育娱乐休闲产业的人数达到130万人，2015年达到150万人。2011年，欧盟体育产业的就业人口达到446万人，占欧盟就业总人口的2.12%。

（三）体育产业结构

按照我国的产业分类结构进行划分，体育产业属于第三产业，而第三产业以服务业为主。2015年，我国体育产业总值中制造业占65.7%，体育服务业占33.4%。相反，如表1-2所示，西方发达国家从2006年起，体育产业总值中体育服务业占比在60%以上。从就业来看，如表1-3所示，我国体育产业的从业人员以体育用品制造业为主，而真正从事体育服务业的人比例还相对较低。到2012年，虽然我国从事体育制造业的人数占体育总就业人数的比例下降到66.12%，但是分布在其他领域的从业人员还是相对较少，造成了我国体育从业人员的结构失调。同时，在区域发展结构方面，当前我国由于区域经济结构发展以京津冀经济带、长三角经济带、珠三角经济带为主要的发展区域，中西部内陆地区经济发展缓慢，与东部沿海地区还有很大的差距。体育产业受经济发展的制约，在东部沿海地区发展速度较快，中西部内陆地区体育产业发展速度较为缓慢，各地区之间相关体育产业的发展水平差距较大。相对发达地区以广东、福建、浙江、江苏四省为主，其体育产业增加值达到全国水平的35%，但落后地区以青海省为例只占了全国的0.09%。

表1-2　发达国家体育服务业占体育产业增加值比

国家	年度	体育服务业占比 / %
美国	2013	82.20
英国	2011	86.97
德国	2011	69.80
法国	2011	79.44
澳大利亚	2011	69.94
韩国	2011	62.54
日本	2006	79.22

数据来源：国家发展和改革委员会社会发展司和国家体育总局体育经济司.《〈国务院关于加快发展体育产业促进体育消费的若干意见〉100问》

表1-3　2006—2012我国体育用品业从业人员数　　　　　单位：万人

年度	体育用品业从业人员	体育用品制造从业人员	体育用品销售从业人员
2006年	206.57	195.44	11.13
2007年	229.20	214.00	15.20
2008年	252.67	234.13	18.54
2009年	249.18	224.36	24.82
2010年	259.40	232.09	27.31
2011年	265.55	240.30	25.25
2012年	278.65	248.35	30.30

数据来源：黄海燕.我国体育产业结构评价与优化对策 [J].武汉体育学院学报, 2014, 48(04)：27-30, 37.

（四）体育产业政策

体育产业的发展离不开政策的引导与支持，从西方发达国家的经验来看，体育产业的发展必须有政策的支持和法律的保障。我国政府为了促进体育产业的发展，也陆续颁布了一系列政策，其中最为引人注目的就是中华人民共和国国务院（以下简称"国务院"）颁布的《国务院关于地快发展体育产业促进体育消费的若干意见》。同时，我国政府也陆续颁布各个单项运动项目的相关政策，以促进体育产业的发展。例如，为了促进雪上运动项目的发展，国家体育总局颁布了《冰雪运动发展规划（2016—2025年）》。随着我国政府在体育产业上不断释放"政策红利"，政策的促使和推动将会使体育产业逐渐成为我国国民经济的支柱性产业，成为国民经济中又一新的增长点。但是，与西方发达国家完善的体育产业政策相比，我国目前在体育产业的政策上还有待进一步细分和完善。例如：美国为了促进体育在电视领域的发展，专门颁布了《体育反托拉斯转播法案》以保障体育在电视转播领域发展的公平性；德国为了利用其财政政策促进体育产业发展，颁布了《体育俱乐部提供援助法》；西班牙和意大利为了促进本国体育彩票业的发展，也分别颁布了《西班牙新体育法》《公共博彩业管理法》《博彩活动规范》等法律法规以规范和促进本国体育产业的发展。然而，我国体育产业的发展现在主要以政策为驱动力，虽然颁布有《中华人民共和国体育法》（以下简称《体育法》），但是还缺乏一部专门针对体育产业发展的法律。

三、我国体育产业的产业结构

（一）产业结构的调整将使体育产业成为我国产业发展重点

构建现代化产业体系就是我国目前产业结构调整的重点所在。我国的农业基础稳固，装备制造业目前也比较发达，第三产业更是发展迅速，现在正是构建现代化产业体系的最佳时机。因此，我们应该利用科技的进步，不断增强国家的核心竞争力，大力发展我国的体育产业。现在，世界上的各大体育赛事都具有巨大的商业价值，赛事的举办同时也会拉动周围地区的经济增长，这对于整个社会来说具有很大的利益。比如说，体育健身行业，健身行业的从业人员，具有鲜明的服务性质，他们为健身房的会员服务，提供专业的健身指导，保证会员在锻炼过程中的安全等，这些都是健身行业的从业人员必须做的。体育产品的消费在体育产业中也很重要，体育服务是无形商品，体育产品是有形商品，还有一些其他产业也可以给体育产业带来很好的收益，它们的协调运作，优化了体育产业的产业结构。随着时代的变革，体育产业所蕴含的巨大潜力慢慢被挖掘出来。以奥运冠军为例，现在的奥运选手，一旦取得了优异的成绩，就有了巨大的商业价值。很多体育经纪人甚至在运动员还没有成为奥运冠军之前，就因为看到了其身上的巨大潜力，而开始挖掘其商业价值。因此，体育产业在各个方面都蕴含着各种各样的巨大潜力，很多已经被发掘出来，也有很多需要时间去慢慢发掘。产业结构的调整，体育产业作为发展重点具有非常光明的前景。

（二）我国城市化建设和体育产业间的良性互动有效推进了体育产业平稳的发展

健康问题是广大人民群众十分关注的问题，所以运动、体育这些有利于人的健康的项目也是人们会积极关注的。人们首先要解决了温饱问题，才会进一步去考虑健康、生活质量的问题。因此，要想更多人通过体育的方式来强健自己的体魄，首先要让人民解决自己的基本生存问题，这就需要国家经济进一步发展，提高人民的生活水平，从而使人民进一步关注体育运动。体育运动能给人们带来健康，体育产业能带动整个地区周围经济的发展，从而优化人民群众的居住条件和生活环境，不仅是让周边的人获益，还能吸引更多的投资，从而促进体育产业的发展。这样，就形成了一个非常良性的循环，从而促进整个国家经济的发展和壮大。体育赛事所具备的商业价值和良好的社会效益是无法替代的。首先，举办一场体育赛事，可以吸引广大的人民群众，特别是该赛事的忠实粉丝，仅仅在门票方面的收入就是非常可观的。其次，庞大的消费群体也增加了赞助商的投资选择，越受关注、观众越多的体育赛事，越证明了这场比赛所包含的商业价值。最后，体育赛事的举办可以促进城市的发展，拉动城市的经济，优化城市的经济建设。因此，体育赛事对体育产业的促进作用是非常重要的。体育事业发展的专业人才本来就十分匮乏，所以具备较好能力的从业人员，一定会去更大、更先进化的城市寻求更多的机遇。因此，城市化进程有利于吸引更多体育专业人才。城市化进程也意味着更加完备的体育硬件设施，即设施完备的体育场馆，以及先进的体育设备。只有硬件设施和软件设施都完备，才更符合城市化。

第二节 体育产业前进的历史

一、我国体育产业前进的历史进程

我国体育产业前进的历史进程，经历了中国共产党第十一届中央委员会第三次体体会议（以下简称"十一届三中全会"）明确改革开放政策后的萌芽阶段、社会主义市场经济体制目标在中国共产党第十四次全国代表大会（以下简称"十四大"）大正式确立后的起步阶段、中国共产党第十五次全国代表大会（以下简称"十五大"）精神鼓舞下体育产业发展的飞跃阶段，以及我国体育产业正处于的新常态阶段。

（一）萌芽阶段（1978—1991年）

1978年，中国进入了至关重要的社会变革时期。中央十一届三中全会提出了实行改革开放的新决策，社会主义现代化建设成为该时期的工作重点，社会经济体制开始向市场经济体制转变。中国的经济发展开始进入一个高速时期，体育事业也在这一时期开始了良性的发展。但由于我国体育管理体制长期受计划经济体制的影响，在市场经济体制的新要求、新形势下难以适应，体育事业的发展出现了一些动力不足、资金匮乏、适应困难等问题。为解决这些问题和矛盾，国家在体育事业建设方面开始改变仅仅通过政府拨款，大小事务都由政府来包办的发展方式。中央在1984年下发的《关于进一步发展体育运动的通知》，对社会现代化建设中体育事业所处的位置、所担负的任务、所承担的责任等各个方面进行了综合、完整的论述。在《关于进一步发展体育运动的通知》的背景下，于1986年下发了《关于体育体制改革的决定（草案）》，比较全面地描述了有关体育体制等方面改革的紧迫性和必要性，并明确了我国体育事业发展要以社会化为突破口，大力发展竞技体育，努力提高其整体水平的目标，在缓解体育事业发展过程中资金不足的矛盾上做出了一定的贡献、取得了一定的成效。在没有充分认识到体制改革的深刻内涵下，1988年国家体委（现国家体育总局）根据中共中央、国务院改革的精神，提出了要转变政府职能，进行机构改革，以及在登山、武术、足球、网球等项目中实行协会实体化的构想，并在1990年连续下发了多个有关足球、武术等相关项目实体化的文件。这些协会的运作采用事业单位的形式作为常设办事机构来实现运动项目管理任务，而在1991年由铁人三项等项目组成的体育协会则开始采用非事业单位形式的纯社团性质运作，这种社团在赛事运作方面拥有较大的自主权。从1987年至1991年体育体制改革的政策来看，国家体委（现国家体育总局）对于体制改革的思路和目标仍处于试探阶段，尽管试行了体育协会实体化的改革，但竞赛表演业的操办性质并未得到实质性的改变；而作为体育用品制造业的劳动密集型产业，却以投入少、收益快的特点，逐渐得到发展。

（二）起步阶段（1992—1996年）

邓小平在1992年进行的"南方讲话"，以及党的十四大的成功召开是我国体育事业的社会经济环境产生巨大变化的重要标志。社会主义市场经济体制目标的确立也伴随着体育事业的整个变化过程，通过更大的改革力度和深度来建立与其相适应的，符合目前体育运动、体育事业等各方面的发展规律的体育相关运行机制和体制。在此背景下，同年的六月，国家体委（现国家体育总局）在北京红山口召开了著名的"红山口会议"。会议上，李铁映同志讲话并确立了以足球改革为突破口，将足协实体化和建立足球俱乐部作为竞技体育改革的方向，这在奠定我国长期发展、稳定发展的体育事业的改革方向的同时，也在中国体育改革历史上具有里程碑意义。为了体育协会实体化进程的加速和发展，国家体委（现国家体育总局）在1993年颁布了《关于深化体育改革的意见》，同年四月又出台了《关于培育体育市场、加快体育产业化进程的意见》，以更全面、系统地建立具有中国特色的体育协会为发展目标，确立了中国体育要以实现产业化发展为基本方向。为了推进体育产业改革的进程，1999年朱镕基在中华人民共和国第九届全国人民代表大会第二次会议上，首次在报告经济问题时提及居民体育健身与消费，并对体育产业发展的成效给予了肯定。1992—2000年是我国体育体制改革的重要阶段，也是我国体育产业发展与改革的起步阶段，这一时期，中国体育改革促进了体育产业的发展。在实行体育各方面管理体制改革政策、大众体育全民健身计划、举国体制的同时，体育产业在面向群众的社会化进程中、提高竞技运动的经济效益进程中，产业经济与国家体制协调配合，不仅充分调动了群众积极性，充分利用了社会各个层次的力量，还挖掘了体育产业本身在社会环境下、在人民群众之中所具有的深层潜力。这使得我国体育产业的发展不仅在自身领域，包括拓宽体育市场、刺激体育消费、优化体育事业整体发展等方面取得巨大成效，而且对于整个国家和社会都有巨大的经济贡献，大大地提高了国家整体的经济效益，进一步优化了国家的体制改革。

（三）飞跃阶段（1997—2011年）

十五大在1997年胜利召开，标志着中国的体育产业进入飞速发展的阶段。体育产业受到了来自社会各界的高度重视，并且完成了在体制上、政策上、发展模式上全面社会化的巨大飞跃。这些改变具体的表现：一是多种所有制并存的模式逐步增多，健身娱乐业步入高速发展的成长期，经营运作的项目逐渐呈多元化趋势发展；二是政府创办的一些体育产业也开始向企业化的管理体制转变，实行相应的市场改革措施；三是足球俱乐部作为领头羊最早举办了职业联赛，随后其他体育项目也纷纷效仿。来自社会各界对体育事业、体育产业的重视，使得我国体育产业的社会化发展更加迅速，在体育产业的投资主体上更加多元。比如，非公有制公司主体的增多，大大优化了我国体育产业投资的结构，从而刺激了社会整体的消费更加多元。我国的体育产业经济的高速发展的同时，却出现了结构性的问题，主要表现为产业结构偏差和升级缓慢。因此，调整产业结构、实现体育产业结构升级是21世纪我国体育产业经济发展的重点。2002年8月，国务院召开的体育工作会议对于体育产业的高速发展成果予以了极大的肯定。同年，国务院在中国共产党第十六次全国代表大会上提出了推动经济结构战略性调整，推进产业结构优化升级的改革构想。因为时间紧促，"十五"期间经济结构战略性调整没有得到较好的落实，经济结构性问题没有得到有效解决，所以对于"十一五"的规划，我国政府针对经济结构性问题提出了更为具体、明确的措施。国务院在2005年到2010年先后出台了多个关于调整产业结构的文件，并专门针对体育产业结构的发展和优化升级出台了相关文件，明确了体育产业改革的发展方向。这一阶段我国体育产业得到了全面的发展，尤其是2001年北京申奥成功后，受奥运会的影响，竞赛表演业、体育组织管理业、体育中介、体育健身休闲、体育服务业、体育用品及建筑业、体育场馆管理业等都得到了全面的升级。从产值结构看，体育用品和建筑业所占的份额最大，是我国体育产业产值的主要动力，但增长最显著的是体育服务业。体育产业的发展对于扩大国家经济内需和拉动我国整体的经济增长具有明显的推动作用。

（四）新常态阶段（2012年至今）

在"经济新常态"这一经济方面的新概念提出之后，作为世界第二大经济体的中国也自然顺应了时代的新要求，将之前增长10%的经济目标调低至7%，自此，我国开始进入了经济新常态的发展阶段。在新常态的环境之中，长江经济带体育产业的发展应该注重通过市场机制配置体育资源，以保险事业为体育产业发展的基本保障，借助地方政府的力量，对体育产业功能顺利重构。同时，通过借鉴国外先进企业的发展经验来完善体育产业在发展过程中的投融资机制，树立品牌意识，增强产业链的发展，对经济带的体育产业经济功能进行重构。这些重构手段，使得体育产业的经济功能更适于当前长江经济带的体育产业发展，并培育体育产业成为长江经济带内经济发展的新引擎。体育产业作为我国的新兴产业，2014年国务院颁布的《关于加快发展体育产业促进体育消费的若干意见》（以下简称《意见》）文件中，阐明了当前我国体育产业的发展在结构上存在的问题，同时提出了丰富体育产业项目种类、提高体育服务业比重的要求。这是我国经济进入新常态后对体育产业改革发展提出的新要求，同样也是我国体育产业发展为了适应新常态做出的重大改革举措。

二、我国体育产业演进的特点

（一）地域发展呈现东强西弱特点

我国区域经济发展水平存在着较大差异，因此体育产业的发展也表现出东强西弱的特点。其中，体育产业在京、沪、粤为中心地带的东部区域具有良好的发展。例如，冰雪旅游业在黑龙江省的体育产业中对经济的发展起着良好的推动作用，人们可以从文化、地理环境、人文环境等各个角度来审视冰雪体育旅游产业。冰雪旅游产业已经成为黑龙江省的一个重要经济，无论是发展现状还是发展前景，都因有巨大潜力而受到社会各界的关注。而体育产业的发展在中西部地区存在着明显差异，其发展相对落后。

（二）体育用品行业的发展优先于体育服务行业的发展

在我国体育产业的前进步伐中，体育服务业的发展水平自始至终赶不上体育用品行业的发展。体育产业结构由以用品为主向以服务为主转变的过程中，体育用品制造和销售的低迷，不仅体现在产业占比指标上，还表现在产业总量上。2008年，我国体育用品制造和销售在达到一个高峰后，出现了下滑的现象。可以说，正是体育用品制造和销售的长期低迷，影响了我国体育产业总规模的扩大。体育服务业的快速发展虽然部分弥补了体育用品产业的下滑，但未来我国要实现体育产业总规模快速扩大的战略目标，仍然需要高度重视体育用品制造和销售的支撑作用，以扭转该产业持续下滑的不利局面。应该说，我国的体育产品市场已经发展得较为成熟且稳定，不同于同样作为我国重要体育产业内容的体育服务业发展现状。体育服务业在体育产业中所占的比重，对于国家体育产业的发展水平、体育产业的结构是否合理等都是重要的衡量标准。现代社会的发展经验表明，体育产业越发达的国家或者地区，它的体育服务活动的比重就越大。

（三）经济结构由公有制主体向非公有制主体转变

我国体育产业最早是公有制性质的，大部分的体育产业直接从属于政府机构，体育产业的发展资金都是隶属于政府行政部门的，由非经营性资产转化为经营性资产而来的。我国的经济结构经过调整以后产生了很多变化，经济结构主体的改变，虽然增加了市场的自由度，也更有利于双方利益的公平性，但是同时也使市场更加混乱，更加难以管理，这就需要国家在管理层面投入更多的精力和提高重视。国务院在2005年颁布的《国务院关于鼓励支持和引导个体私营等非公有制经济发展的若干意见》中，阐述了非公有制资本的投入对于科教文体各个领域事业的发展所起到的重要作用，其对于我国发展体育事业、优化体育产业结构有十分大的帮助。

（四）大众运动是体育项目经营主体

人是运动项目的主体，大众体育自然就是体育项目经营主体。要想促进体育产业的经营效益，必然要重视群众的力量，认识到大众消费在整个体育产业消费中所占的比重。羽毛球、乒乓球等是全民健身的必备项目，而这种普遍的运动相比于网球、高尔夫等就要大众很多。在人口基数如此庞大的中国，抓住群众这个主体，在经营销售上必然就有了庞大的消费群体，并且十分稳定。体育健身休闲活动是体育产业中与健康最直接相关的产业，大众运动成为体育项目经营主体。体育的经营项目越来越丰富多样，其特征还是以大众项目为主，针对的消费人群也是大众群体，而一些高消费的项目普及的程度仍然不高。

第三节 我国体育产业发展存在的问题及发展对策

一、我国体育产业发展存在的问题

我国的体育产业改革和体育产业运行机制的变革，一直以来都是优化体育产业的重要环节。虽然从改革开放至今，我国在体育产业上所做出的有关机制的改革中走了不少的弯路，但是从中吸取的经验有利于我国体育产业未来的发展。因此，我们应该总结现有的问题，通过解决这些问题来促进我国体育产业的发展。我国体育产业还处在发展的初级阶段，实践中也存在着一系列亟待解决的矛盾和问题，纳起来主要有以下几方面。

（一）体育产业发展规模较小，且不够成熟

我国体育相关产业包括体育中介、体育用品和服装制造、体育用品和服装销售等九大类，但是它们目前都存在规模较小、发展还不够成熟的问题。其实，我国的经济产业在很多方面都存在不足，还在努力的探索之中，而体育产业作为一个比较边缘化的产业，发展更是不够成熟。我国的体育市场经过各界多年的不懈努力已经具备了一定的规模，其成熟程度还远远不够。但是体育产业从萌芽阶段走到新常态阶段，不断地积累着各方面持续发展的实力，不够成熟和规模较小也将只会是一个比较短期的问题。

（二）体育产业的产业结构不合理

我国的体育产业虽然已达到一定水平，并取得了一定成果，但是在体育产业的结构上仍然存在不合理的情况。

1. 竞技体育产业与群众体育产业的不协调发展

体育产业最大的短板：体育健身休闲服务业发展严重滞后。体育产业的成熟发展需要竞技体育产业与群众体育产业的协调发展。从国际经验看，体育健身休闲活动的重要性甚至超过了体育赛事活动，在整个体育产业中占据重要地位。体育的公共事业属性与公共服务功能、造成全民健身弱势地位诱因的政策与制度设计层面的缺失、过于强调竞技体育的社会价值而导致我国体育事业发展方向性偏差等问题，进一步引发了社会思考。人们意识到，相比于美、德、英等国把体育作为一项重要的公共事业来管理，如果把我国全民健身存在问题产生的原因仅仅归咎于体育消费能力不足等方面，是有失偏颇的。反思已不仅仅局限于体育界内部，政府在很大程度上要承担为大力推广全民健身提供便利的责任，让"金牌体育"向"全民体育"转变，使体育回归其国民性之价值本源。体育产业要持续发展，竞技体育产业与群众体育产业的不协调发展是很大的阻碍。

2. 地区间产业发展极不平衡

现代体育产业是体育和经济结合发展的产物，其经济功能就是体育和经济有效互动产生的经济社会价值。体育产业在东南沿海地区是投资的热门对象，发展自然非常快；西部地区在体育上的投资较少，加上西部地区经济水平有限，因此造成其体育产业发展相对缓慢。长江经济带是中国最具影响力的内河经济带，现代体育产业在各个层面的经济功能都对长江经济带有很大影响。长江经济带凭借其优良的地理位置，成为我国综合实力、发展潜力等方面都很强的区域之一。虽然长江经济带处在经济的转型期，发展起来存在诸多难题和矛盾，但是这既是一种挑战，也是一种机遇，把握好这个特殊时期的发展机遇，对于我国体育产业的发展具有巨大的推动作用。各项目合格单位间的体育产业协调发展，是我国将来的体育产业发展过程中的重大议题。

3. 体育主体产业和部分产业发展缓慢

体育主体产业就是体育产业重点开发、优先利用的发展项目，平稳的体育主体产业发展自然可以带动其他相关产业的前进。其实，刻板的消费观是体育主体产业发展缓慢的重要原因。在大多数人的认知里，生了病才知道健康的重要性，只注重治病，而忽视掉了防病的重要性，更忽视掉了体育对于防治疾病及强身健体的作用。大众对于主动的体育产业方面的消费还很少，至少对于中国这个人口大国来说还远远不够。因此，转变消费者的消费观对于体育产业的发展具有重要的意义。我们可以从各个方面看出体育主体产业发展的不成熟，和体育主体产业相类似，体育部分产业的发展也十分缓慢。

4.体育产业结构关联效应较低

体育产业在现代经济中占据着非常重要的地位，其发展速度也是惊人的。目前，中国已是一个体育大国，竞技体育、群众体育、学校体育等都发展得比较好，但是体育产业的发展水平有待提高。体育产业相较于其他的体育事业，或者相比于其他的经济产业，它的发展都是很不成熟的。因此，体育产业结构的关联效应也比较低。体育产业结构关联效应较低，究其主要成因就是我国体育产业发展的不健全、管理体制不完善、体育各部门之间的关联性受到不同程度的削弱等，这也是我国体育产业结构关联强度偏弱、发展受限的主要原因。

（三）缺乏体育产业发展的优惠政策

体育产业能够快速发展，一定离不开社会的力量。国家要通过相关政策的实施，来支持和鼓励人们进入这个行业。因此，体育产业发展的优惠政策不仅要有，还需要涉及方方面面，这样才能充分调动人们进入这个行业的积极性，但是中国目前却十分缺乏相关的优惠政策。其实，俄罗斯就是一个很好的例子，俄罗斯在发展体育事业的过程中，遇到过不少问题和阻碍，但是国家足够重视，给出了各种优惠政策和激励机制来鼓励人们投入体育产业。因此，中国应该大力推出优惠政策来推动体育产业的发展，比如说放低准入门槛、扶持民营企业的经营、调节税收政策等鼓励体育产业的发展。资金方面的优惠政策对于吸引更多的社会力量参与到体育产业的发展中来是至关重要的，要有各种各样的优惠政策，才能吸引更多的社会力量和资金投入体育产业的建设中，推动体育产业快速、平稳的发展。

（四）缺乏体育产业相关的专业人才

专业人才是发展一个行业必不可少的因素。体育产业既涉及了体育行业，也涉及了经济、管理等方面的行业。现在大多数从事体育产业行业的人都是经济管理行业的人员,虽然也有体育行业的人员,但是专门从事体育产业研究的专业人士却十分短缺。首先,在管理部门,专门从事体育管理的高水平人才十分短缺,目前大部分的从业者都不是专门从事体育管理的,而是其他管理学位的人员。其次,在体育经济这一块,在体育产业中的重要角色,比如体育经纪人等,大多数都是其他行业的人员充当的,而并非专门学习或者从事这一专业的人才,他们虽然也具备相当的专业水平,但是和真正专攻这个领域的人相比,基础能力还是不够的。最后,就是研究型人才,体育行业的研究人才本来就比较匮乏,毕竟长久以来体育都是一个重视实践的学科,这往往忽视了理论对实践的重要指导作用,因此体育产业方面的研究人员是很缺乏的。专业人才的培养不是一朝一夕的事情,而是需要一个长期的过程,国家不仅仅要从一个行业入手,而且应该从学校的教育抓起。同时,最重要也是最基础的就是社会观念的转变,体育产业的一些岗位还不算热门,这就需要加强宣传和国家的扶持。只有加快培养专业人才的步伐,才能从根本上加快我国体育产业的发展。

(五)市场管理的法制化、规范化程度还不高

市场管理的法制化、规范化程度还不高主要表现在:首先,体育产业管理体制的问题,地方保护主义、传统的管理体制不适应当代发展要求等;其次,准入门槛的问题,门槛过高不利于体育产业的发展,无法壮大体育产业的发展规模;再次,缺少扶持政策、优惠政策等,鼓励大众进入体育产业的相关政策是至关重要的;最后,一个完整、系统的监察体系也是十分重要的,这是一个产业要良性发展最基本的条件,也是至关重要的条件。

二、我国体育产业发展的对策

(一)进一步加强体育管理体制和运行机制的改革

稳步推进体育场馆运营、单项体育协会和职业体育等领域改革。对行政机关和事业单位所属的体育场馆,通过引入社会资本和现代公司化运营机制等,推广"所有权属于国有,经营权属于公司"的分离改革模式。落实《行业协会商会与行政机关脱钩总体方案》,做好单项体育协会改革试点工作。制定和完善职业体育专项政策,鼓励和支持有条件的体育项目向专业化、高

水平的道路前进。通过建立职业化的俱乐部、联盟等来提高专业水平，走向更大的发展平台。

1. 为体育产业发展创造良好的政策氛围

对于一个产业的发展，最基本也是最重要的就是政策的支持。一个良好的政策，对于体育产业的发展有着巨大的推动作用，也是其能够长期持续发展的基本保障。体育产业作为一个处在转型期的产业，更需要国家政策的扶持。不仅要有扶持体育产业的政策，还应该为体育产业的发展创造良好的政策氛围。良好的政策氛围不仅能保证体育产业长足的发展，还能使体育产业的发展更具活力和动力，从而使体育产业成为我国的一个不可或缺的经济增长点。

（1）制定调整体育产业结构政策。

优化产业布局：我国体育产业的分布和发展情况，在不同的地区有很大的差异，因此应该优化产业布局，使国内的体育产业发展水平有整体的提高。抓好潜力产业：深入挖掘具有发展潜力的体育相关产业，并通过政策的扶持大力发展。改善产业结构：一个健全的产业结构，以及合理的产业比重对于体育产业的发展来说是至关重要的。

（2）建立健全相关的财政税收政策。

只有根据不同体育相关产业的不同特点，制定合理的财政税收政策，才能使体育产业的发展更加合理。一些门槛比较高、成本比较高的体育产业，应该采取优惠的财政税收政策，这样才能鼓励更多的社会力量进入体育产业这个行业中来。还应该针对一些恶性竞争、市场乱象、产业畸形的问题，制定相关的财政税收政策来辅助调节。

（3）完善相关的投资和融资政策。

我国的体育产业在投资和融资方面的政策还有待完善。投资融资的方式应该是多元的，应该打破原有的局限，提出更多样化的投资和融资政策。体育产业作为国家的一个重要经济来源，完善相关的投资和融资政策，其实就是大大增加了国家体育产业的经济来源，从而促进体育产业的发展。

2. 制定体育产业战略规划

切实落实现行国家支持体育产业发展的税费价格、规划布局与土地政策，加大对政策执行的跟踪分析与监督检查。进一步与有关部门合作，使与体育产业相关联的政策措施被更加全面、合理地制定出来，并且能够被更加有效地执行。推动社会广泛关注的赛事转播、安保服务、场馆开放和资产统计等政策的创新，加强对竞赛表演、健身休闲等市场的引导，以及对高危险性体育项目的监管。

3. 建立社会主义体育市场经济体系

现阶段，城乡二元经济结构正在以非常快的速度转变为城乡协调的一体化发展，力争实现乡村和城市之间的平等和互补，建立社会主义体育市场经济体系。城乡一体化对于乡镇居民来说，可以提高乡镇居民对体育产业的认知度，从而提高他们进入体育产业的积极性，还可以促进体育产业在基层农村的普及和发展。而对于城市居民来说，城乡一体化有助于与乡镇居民的协调合作，有助于与乡镇居民的优势互补，从而全面提高体育产业化的认知度，更加全面、协调地发展体育产业。城乡一体化的迅速发展为体育产业均衡发展和建设社会主义体育市场经济体系提供了更多的选择。

4. 建立健全体育产业经营管理法规制度

在商业化元素的催化下，在伴随着经济利益的同时，体育产业也滋生了相关的法律问题，为了能够发挥市场的资源配置作用，政府有必要对体育产业制定相关的法律法规体系。在体育产业发展的早期，由于未涉及商业化问题，体育产业的立法也未形成。在体育产业发展的中期，我国体育事业突飞猛进，商业化元素越来越多，体育已成为一种产业，并得到快速的发展，但由于体育产业立法的滞后性，体育产业出现了较大的法律问题。虽然我国1995年颁布的《体育法》，对体育产业法律问题有了较大的缓解和改善，但是仍存在立法滞后，不能适应产业发展的需要，体育法律规范性较低、冲突较大、约束性差，体育法律与其他法律间缺少衔接等问题。因此，放眼体育产业长期发展的目标，只有制定相关的法律法规体系，才能确保我国体育产业健康持续的发展。

（二）引导体育消费，发展体育产业市场

引导体育消费，发展体育产业市场，深挖消费潜力，完善消费政策。政府应通过媒体积极的宣传，并提供正确的引导，使群众树立积极、正面的消费观。通过多方的共同努力，从国家层面及群众层面，让更多人意识到健身的重要性。

1. 挖掘产品内在潜力，增强国际竞争力

我国的体育产业要想持续发展，并居于国际前列，就必须增强自身的国际竞争力，在不断的竞争中取得进步，得以发展。我国体育产业的发展，一是需要国家政策的扶持，没有国家作为坚强的后盾，我国的体育产业是不可能在国际上立足的；二是需要良性的市场环境，竞争再激烈、利益再多，如果不是良性的，体育产业都不能长足稳定地发展下去，恶性竞争所带来的利益只是短暂的经济泡沫，不利于体育产业的长期发展。我们应该深入挖掘体育市场的消费潜力，激发体育消费需求，增强国际竞争力。

（1）将体育用品的经营方式转变为集约化运作的方式。

集约化经营是在社会经济活动中，在同一经济范围内，通过优化经营要素来提高经济效益的经营方式。我们必须通过相关政策，来扶持我国小型企业在体育用品行业的发展，提高其竞争力，使企业摆脱所有制和区域行业等方面的限制，增强我国体育行业的国际竞争力。同时，增加和创造企业及国际知名企业合作的机会，可以使企业竞争力得到有效提高。

（2）提高国产品牌支持力度和企业在国际上的竞争力。

创办有我国自主知识产权的民族品牌和企业，建立健全产品的售后保障和跟踪服务，确保产品质量、加强品牌宣传力度、拓宽宣传手段，以及加强保护品牌的力度，都为我国的体育产业在国际的竞争提供了强有力的支撑。品牌的脱颖而出最重要的是品质、口碑及鲜明的品牌特色，有个性、有特色的企业才能称得上是一个品牌企业，同时质量和口碑的优秀也是获得大众认可的必要条件，即树立品牌的必要条件。在企业产品品牌的创建初期，各级政府在宣传等方面的帮助是至关重要的。

（3）增加产品中的科技含量，将更多资金投入新型、绿色产品的研发中。

充分发挥体育行业绿色低碳的优势，以提高群众的健康生活水平为目标，激励群众锻炼，为倡导体育设施建设和大型活动节能，充分挖掘体育在社会环境、社会总体水平影响中的潜力。体育产品的不断创新也是一种必然趋势，体育产品生产企业想要增强自身的竞争力，就必须增强科研方面的投入,力争生产出更多新型、时尚的产品。

2.增强群众日常健身的意识,推动体育市场的发展

群众作为参与体育运动的主体,是体育产业发展过程中不可忽视的一环。体育产业在体育市场中的发展不仅要依靠政府和企业的力量,群众的力量也是不可或缺的。群众的日常健身,对于体育消费的增长有着巨大的推进作用。因此,提高广大群众的日常健身意识,是推动体育市场发展的重要环节。

(1)培养学生体育消费群体。

推动体育企业与移动互联网的融合,积极利用大数据、云计算、智能硬件和各类主题APP拓展用户,提升体育营销的针对性和有效性。以各类体育赛事活动为平台,加强资源营销,丰富体育消费文化内涵。社会中的健身娱乐场所也应该针对学生推出相应的优惠套餐,激发学生参与的积极性,这样一来,社会效益和经济收入都会有所提高。

(2)发展老年体育消费群体。

我国的人口老龄化问题已相当严峻,各级地方政府应该制定一些政策,使更多的社会资金参与体育设施的建设。加强对体育市场需求和消费趋势预测的研究,引导体育企业开发符合市场需求的体育产品和服务。社区应该针对老年人多组织一些社区活动,使老年人在科学的指导下、在安全的环境中,轻松愉快地参与体育活动,有助于提高老年人参与积极性和长期的坚持锻炼。

(3)扩大中年体育消费群体。

中年阶段是人承受压力最大的时期,也是身体素质快速下降的阶段,但是大多数中年人反而都不重视体育锻炼,在生活中也很少进行体育锻炼。因此,应该深挖中年群体的消费潜力,大力开展各类群众性体育活动,积极推行《国家体育锻炼标准》、业余运动等级及业余赛事等级标准,增强项目消费黏性,提高中年人健身休闲消费水平。

(4)积极引导城乡居民家庭体育健身消费。

鼓励各地研究制定引导体育消费的政策措施,完善消费政策。支持各地建立体育消费个人或家庭奖励机制,鼓励有条件的地区面向特定人群或在特

定时间发放体育消费券。加强与金融企业的合作，创新体育消费支付产品，试点发行"全民健身休闲卡"，落实相关优惠政策，实施特惠商户折扣。引导保险公司根据体育运动特点和不同年龄段人群，开放场地责任保险、运动人身意外伤害保险，健全学校体育活动责任保险制度。

（5）继续加强体育用品消费市场和健身娱乐市场的发展。

国际市场的机遇再多、平台再大，国内市场仍是体育用品行业的主要战地。相比于产品的档次，国内市场最看重的还是体育产品的经济实用，物美价廉的中低端的体育产品才是大多数消费者优先的选择。要想继续加强体育用品消费市场和健身娱乐市场的发展，就必须整顿市场乱象、抵制地方保护主义、改变某些行业所存在的恶性竞争的现状。针对现在的体育用品消费市场，最关键的就是保证良好的产品质量，体育用品市场有好的口碑才能稳定长足地发展下去，才有进一步扩大规模的可能性；而健身娱乐市场，最重要的是对从业人员资质的考查，如果从业人员浑水摸鱼，并不具备相应的教练资质，那么这个健身市场的质量必然会受到影响，只有保证从业人员的基本素质，才能使健身娱乐市场稳步长足地发展下去。

3. 建立体育产业发展基金

任何产业的发展都离不开资金的支持与保障，体育产业自然也是如此。特别是对于创业初期的一些中小体育企业和体育设备等科技研发机构而言，更需要有足够的资金来支持、保障企业和科研机构的发展。因此，利用政策为基础，法律为保障，可以畅通我国体育产业发展所需要的资金渠道。建立稳定的体育产业发展基金体系，对我国体育产业的发展有着巨大的推进作用，并且可以使我国体育产业长期稳定地发展下去。

（三）重视体育产业市场内部要素的发展

1. 培养体育产业管理人才

在体育产业这个行业中，专业的体育人才是不可或缺的。体育产业管理人才的培养，要从学校的教育抓起。体育管理这个方向，目前在体育学院的本科教育中开设的专业是社会体育指导与管理，在研究生阶段开设的专业是体育人文社会学中的一个分支学科，即体育管理学。研究生阶段的体育管理学相比于本科阶段的社会体育指导与管理就更有针对性了，因此在人才培养方面，研究生阶段的教育有专门培养体育管理人才的专业，对于我国体育产业的人才培养有很重要的意义。体育管理的人才不仅仅要掌握体育管理学的相关知识，更重要的应是一名复合型人才，对于体育赛事、体育运营等体育相关的知识，特别是体育产业相关的知识都应该熟练掌握。体育产业的管理是一个复杂的过程，考验从业人员的综合素质，以及各方面知识技术水平。因此，一个优秀的体育产业管理人员不仅要具备扎实的基础知识，还应该提高自己的实践能力，只有经过多年的从业历练和实战经验的积累，才能称得上是一个合格的体育管理人才。这就需要国家政策的大力支持，鼓励具有专业水准的人员进入这个行业，并长期发展下去。

2. 加快体育市场法制化、规范化进程，加强执法力度

加快体育立法深度与广度，形成"依法治体"的职能履行机制，最终强化政府的宏观调控职能和提高市场的资源配置能力。《意见》中明确指出：要转变政府职能，政府和体育组织所各自承担的体育产业方面的社会责任应该分离，各自承担自己应该承担的社会责任；而且通过加快体育市场法制化、规范化进程，加强执法力度，可以优化体育产业的资源配置，从而优化体育产业的发展。可以看出，我国在体育发展战略与政策层面上已经坚定了政府职能转变，进而推动竞技体育社会化的发展走向，并且对体育法制的重要性有了较高的重视。但需要指出的是，体育法制先行才是强化政府的宏观调控职能和提高市场的资源配置能力的重要前提，没有强有力的法制约束，政府职能就可能边界模糊，职权越位，而竞技体育社会化可能出现市场失灵、方向紊乱的潜在风险。因此，以修订《体育法》为契机，无论是对我国政府性质的竞技体育职能机构，还是对社会性质的竞技体育职能机构，都应有清晰、可操作、约束性强的法律条文来明确各个单位、各个层级的职责，一旦出现组织机构职能的失范与违法行为，则给予必要的法律责任追究。另外，我国的各种体育纠纷仲裁机制建设亟待加强，因为现行纠纷往往通过体育组织内部解决或依靠行政部门解决，很容易造成透明性、公平性与公开性的缺失，所以《体育法》中应加大对体育仲裁法规制度的建立与完善。总之，拓展体育立法的深度与广度才能进一步调整与规范各竞技体育组织的职能履行，形成"依法治体"的竞技体育职能履行机制。

3. 进一步加强体育产业管理体制改革

管理体制的改革对于我国进一步发展体育产业是至关重要的一步，要想在体育产业领域有新的突破，就必须从管理体制的改革入手。传统体制的惯性、内容很可能阻碍体育产业在当今这个飞速发展的时代的前进，因此必须打破固有观念，推陈出新。可以在现有体育体制的基础上，结合近几年的发展经验进行优化改进；也可以打破传统，尝试新的路径。要充分落实体育产业协会组织的沟通、协调、服务和监督等职能。

4. 积极调动各方面力量开展群众体育

从国家层面来说，因为政府对于开展群众体育活动具有强有力的宏观调控能力，所以可以说群众体育的开展能否开展得好，最重要的是看国家是否予以了高度的重视。即使国家予以了高度的重视，在活动的开展上，也是要讲究方式方法的，如果方法不对，也是有可能适得其反的，这就需要政府部门的大量投入了。从社会层面来说，群众作为社会成员的主体，要想大力开展群众体育，必然需要社会各界力量的帮助，从而提高人民群众的参与热情，比如一些群众性的体育组织，可以更加规范化、专业化，以此来提高大众对体育活动的参与热情。政府的鼓励政策、扶持政策，加上社会各界的支持和帮助，必然能提高人民群众对体育的重视程度和参与的积极性，从而促进体育消费的增长，同时促进我国体育产业的发展。

5. 加强社区体育工作的监督管理，开发社区体育消费市场

社区体育工作和建设是体育产业建设中非常重要的一部分，各级政府必须高度重视，并结合城市小区建设，将社区体育建设作为社区发展规划中的重要内容。政府应建立系统的、全面的、切实可行的监督系统和各种体系，跟踪分析规划实施情况，为调整目标任务和制定政策措施提供依据，确保规划目标任务如期完成。加强社区体育工作的监督管理及开发社区体育消费市场，对我国体育产业的发展至关重要。

6. 实施人才倍增计划

人才是社会发展的关键，而专业的体育产业人才对推动我国体育产业发展具有重要的作用。到2025年，我国将基本建立布局合理、功能完善、门类齐全的体育产业体系，体育产品和服务更加丰富，体育产业总规模超过5万

亿元，体育产业将成为推动经济社会持续发展的重要力量。另外，我国成功申办"北京—张家口"冬奥会，为我国冰雪运动产业的飞速发展提供了难得的历史契机。在此背景下，我国社会对体育产业领域的人才需求是极大的，但目前我国体育专业人才的欠缺又是明显的，尤其是大量的应用型人才和拥有专业技术的创新实践型人才更为匮乏。而在传统金牌导向的竞技体育人才培养模式已不再适合我国社会需求的背景下，如何将竞技体育人才培养与我国体育产业发展所需的各类人才培养相互补充并最终融合，则成为我国竞技体育发展方式转型进程中人才培养模式转型的关键所在。体育产业各类人才的教育绝不是学历教育，更不是文凭教育，更多的应该是能力教育、技术教育、实践教育和责任教育。为此，我国在竞技体育人才培养上面的"教体融合"发展，应更多地关注运动员退役后的职业技术能力，以及其对体育产业市场环境的适应能力的培养，不能以大学文凭的获得作为运动员"教体融合"培养成功的衡量标准。需要指出的是，美国培养高水平运动员也绝不仅仅局限在本科院校，各专科院校及社会职业机构在承担竞技体育人才培养的职责上也起着不可忽视的作用，所以本着教体不分离的原则，我国各类运动员在义务教育阶段应完成基本无差别的基础教育，而在进一步深造的阶段，则应科学分流到不同类型的学校进行体育产业行业导向培养，学校的范围可以包括学术研究型、应用技术型和职业教育型的大中专院校。另外，为填补体育产业巨大的人才缺口，我国应在职业教育体系内、应用型大专院校内，以及学术性高校内加大对体育产业对口专业的人才培养方式的探索，尤其要注重实践型人才培养方案的研究，同时加大校企合作培养力度，广泛设立校外体育产业实践基地，提供退役运动员在学业与就业上衔接的紧密度，实现订单式人才培养模式，最终培养出一支体育专业型与产业型相结合的高素质人才队伍。因此，首先，我国要从政策上制定培养体育产业人才发展的措施，结合实际需要，制定专业的体育产业人才队伍建设方案，利用政策以鼓励和支持各个高校或者社会群体加大对体育人才的培养。其次，政府在财政上要给予积极的支持与刺激，以保障体育人才的增加，将人才队伍建设放在我国体育产业发展的核心位置。

第二章 中国体育产业研究

第一节 体育产业的界定和统计

一、体育产业的概念

对体育产业的界定是进行体育产业统计工作的前提。当前，通过对国内外诸多观点的综合比较，特别是课题组连续召开的若干次重要会议，我国对体育产业的界定已经逐步清晰，最终形成了关于产业界定问题的关键性结论。

（一）以往国内体育产业界对体育产业概念的认识

目前，我国关于体育产业概念的界定大体上有以下四种观点。

1.广义的体育产业

"广义的体育产业"的典型表述是：与体育有关的一切生产、经营活动部门的总和，其基本行业部门包括健身娱乐业、竞技观赏业、体育用品业、体育广告业、体育饮品业等。

这类观点的持有者主要以以下方面作为其思维基点：倡导将体育市场的主、客体（生产者和消费者）均归入体育产业的范畴，体育产品生产也涉及有形物质的消费，由此得到体育产业应该包含生产物质产品和服务产品的行业部门。

2.体育产业的体育事业说

持"体育产业的体育事业说"观点的学者思维基点有以下方面：将体育事业的概念范畴置于体育产业上的一个层次来认识，他们认为在现代社会里，体育是人们从事的有一定目标、规模、组织和系统的活动，构成一种事业，即体育产业，体育的生产、经营活动符合这种活动的特性。而在社会主义市场经济体制下，发展体育事业除了要追求"一次产出"，还要追求"二次产出",即把一次产出并且有良好社会效益的业务成果,再转化为可以用实物形态和价值形态计量的经济效益。

3.体育产业的体育事业可盈利部分说

有的学者从实用性的角度提出,体育产业就是体育事业中可进入市场并可获得经济利益的那部分经济活动的总和。同时,他们又认为体育产业是否属于第二产业和第三产业或是混合产业并不重要,重要的是到底有哪些内容可以实实在在地进入市场,并能够切实盈利。

4.狭义的体育产业——体育产业就是体育服务业

狭义的体育产业包括健身娱乐业、体育竞赛表演业、咨询培训业、体育旅游业、体育博彩业等。持此类观点的学者主要思维基点有以下方面:埃尔文·费雪(Irving Fisher,以下简称"费雪")等人提出的三次产业法是界定产业属性的重要依据,将体育产业定位在生产劳务或服务产品的行业第三产业范畴里。这类观点认为体育产业是以活劳动非实物形态向社会提供各类体育劳务(服务),其产业主体是体育综合服务业。

然而,与当前我国体育产业不断发展变化的现实状况比较,特别是与本次针对我国体育产业"统计分类"的实际要求比较,这些观点在认识和可操作性方面都存在一定的偏差。

(二)对上述前人观点的辨析

"广义的体育产业"将生产物质产品的企业纳入体育产业的范畴,明显存在外延泛化的问题,有悖于上述产业经济学对产业划分的标准和逻辑学规则。大多数物质产品是根据某些机械或机电原理,以及相应的程序生产的,并通过人的身体运动进行生产,两者在生产的技术和工艺方面的非相似性,也不符合第二层产业分类的标准,生产物质产品的部门与提供服务或劳务产品的部门也不符合费雪提出的三次产业分类法的要求。

产业划分类型和层次的边界不清。"体育产业的体育事业可盈利部分说"在判定体育产业的外延结构时,并未注重第二产业和第三产业的划分规则,而是将获取经济利益作为唯一标准,以此为思维逻辑来认识体育产业,存在与此类定义相同的问题。

体育、运动服务或劳务产品的生产过程和技术工艺具有相似性,都是以人体运动为基本要素，都具有相类似的生产所需的投入品，如运动设施、设备，都需按解剖、生理、力学等原理和规则生产体育产品，因此符合以技术、工艺的相似性为依据的产业划分标准。以活动劳动的形式生产或提供体育、运动服务或劳务产品的产业，即体育产业属于第三产业。

然而，将体育产业仅仅定位于体育服务，对于我们制定体育产业统计分类来说，有三个致命缺陷。首先，与国外统计部门的通行做法不符。其次，与我国体育产业发展现实基础不符。课题组通过对我国具有代表性的省、市实际调查发现，如果仅仅计算体育的服务与劳务，则不能全面真实地反映出我国体育产业经济影响的全貌。最后，也是最重要的一点，这种划分与我国统计部门开展的类似产业统计规范不符。"狭义的体育产业说"并不符合开展"体育产业统计分类"的要求。

（三）"体育及相关产业"概念界定中遇到的争论性议题

1. "体育产业"与"体育相关产业"之间的关系

研讨过程中，有些学者认为这样做的好处是能够更加明确"体育产业"的范围，从概念的表述上也不容易引起歧义。

2. "体育产业"界定的归属是"活动"还是"组织"

从统计部门的角度出发，更加倾向于在分类概念中使用"活动"的概念。

3. "体育产业"界定的理论起点是"生产角度"还是"产品角度"

部分专家建议，只从"生产"的角度确定产业范围，即只能从产业活动范围进行统计界定。

二、体育产业的统计分类

（一）产业分类综述

1. 产业（行业）分类的概念及其发展

（1）产业划分的概念。对全部经济活动的产业（我国统计部门习惯称之为行业）进行划分，是国内外国民经济统计广泛采用的分类标准。

最近几年，根据我国产业结构调整的需要、国际交往日益增多、新兴产业的大量涌现，以及加入世界贸易组织后经济全球化对我国的挑战等新形势，出现了能与国际分类进行衔接和转化的国民经济行业分类标准。据课题组了解，在经济普查过程中，对各个行业，尤其是体育行业的经济普查，基本上依据的就是这个标准。

（2）产业划分的原则。国民经济行业分类标准是采用经济活动的同质性原则划分国民经济行业。

（3）单位行业归属的确定。单位行业归属是按照主要活动确定单位的行业：一个单位从事一种经济活动，即按照该活动确定单位的行业。一个单位从事两种以上的经济活动，如果无法用增加值确定该单位的主要活动，可依据销售收入、营业收入或者从业人员确定主要活动。

2. 国际标准产业分类的基本要求

由联合国制定的《国际标准产业分类》规定，产业划分的基本原则是经济活动的同质性，而不是所有制、所有权、组织类型和操作方法，因为它们与经济活动本身的性质无关。一个单位的活动分为主要活动、次要活动和辅助活动三种，主要活动和次要活动的产品是要在市场销售或者免费提供的，而辅助活动的产品一般是该单位的中间消耗。

由于世界各国经济发展水平和产业结构不同，各个国家的国家标准产业分类几乎没有相同的。目前，在国际上比较有影响的标准产业分类有欧盟经济体的经济活动统计分类、北美产业分类体系和澳大利亚与新西兰标准产业分类。

（二）我国体育产业分类现状

1. 理论回顾

我国的体育产业是随着社会主义市场经济体制的建立逐步发展起来的一种新兴产业。目前，我国体育产业主要分成以下四种观点。

第一种观点：1995年，由国家体委（现国家体育总局）制定的《体育产业发展纲要》明确提出，现阶段，我国体育产业包括三大类别：第一类：体育主体产业，指发挥体育自身的经济功能和价值的体育经营活动内容，如对体育竞赛表演、训练、健身、娱乐、咨询、培训等方面的经营；第二类：指为体育活动提供服务的体育相关产业类，如体育器械及体育用品的生产经营等；第三类，指体育部门开展的旨在补助体育事业发展的其他各类产业活动。这是我国最早的、比较系统的，同时也是官方的体育产业分类。

第二种观点：把体育产业视为提供各类体育物质产品和服务，以满足人民群众多样化体育消费需求的行业。这种观点认为，体育产业由体育物质产品的生产与经营和体育服务产品的生产与经营两个部分组成。国内外大多数研究学者和政府管理部门都倾向于这种观点。

第三种观点：体育产业就是提供各类体育服务的行业，是体育服务业的简称。其在分类内容上与第二种观点相似，但是不包括体育用品制造业。

第四种观点：有学者提出，体育产业就是社会主义市场经济体制下运行的体育事业，社会主义市场经济对体育事业运作方式和产出结果提出了新的、更高的要求。

以上几种分类从不同的视角、不同的层面对我国体育产业的发展现状和行业划分进行了描述，不同分类形式的提出都有其自身合理的成分。我们认为，在体育产业的分类中，不仅应包括体育服务的内容，还应该将体育用品、体育建筑等相关产业予以明确。

2. 现行统计制度中的体育产业分类

国家统计制度涉及统计法规、统计标准、统计调查制度和方案、统计填报目录和指标解释五大部分内容。其中，统计法规主要涉及《中华人民共和国统计法》及其实施细则，部门统计调查项目管理办法等；统计标准包括国民经济行业分类、三次产业划分规定、经济成分划分标准、对公有和非公有控股经济的分类，以及大中小型企业划分办法；具体的一些调查制度中，涉及报表填报的问题，从而对填报目录进行规范；统计调查制度中所涉及的统计指标，通过统计指标解释对统计指标的含义与口径进行界定。

统计填报目录共29个，其中，含体育类别的统计填报目录共6个。

（1）批发和零售业商品分类目录：体育、娱乐用品类。

（2）固定资产投资月报表主要行业目录：体育。

（3）农村住户账页记录编码：购买商品现金支出，体育健身器材、体育用品；生活服务支出，休闲娱乐费、文化、体育、娱乐用品修理费；非消费性支出，购买彩票。

（4）居民消费价格指数目录：衣着，运动衫裤（分男士、女士）；娱乐教育文化用品及服务，体育用品、健身活动。

（5）商品零售价格指数目录：衣着，运动衫裤（分男士、女士）；体育用品，球类、棋牌、健身器材。

（6）工业品出厂价格调查产品目录：帽，运动帽；鞋，运动鞋、跑鞋、赛车鞋；扑克牌；体育用品，球类（13种）、体育器材及配件（27种）、训练健身器材（16种）、运动防护用品（8种）、其他体育用品（12种）。

统计标准共6个，其中与体育有联系的1个，直接包含体育类指标的1个，即国民经济行业分类。

国民经济行业分类中与体育有联系的门类有3个：文化、体育和娱乐业，批发和零售业，制造业。

（1）文化、体育和娱乐业。

大类：体育。中类和小类：体育组织，指专门从事体育比赛、训练、辅导的组织的活动；其他体育，指上述未包括的体育活动。

（2）批发和零售业。

批发大类：批发业。批发中类：文化、体育用品及器材批发，指各类文具用品、体育用品、图书、报纸、杂志、音像、电子出版物、工艺美术品、收藏品及其他文化用品、器材的批发和进出口活动，指专门经营文具、体育用品、图书、报纸、杂志、音像制品、首饰、工艺美术品、收藏品、照相器材及其他文化用品的零售活动。零售小类：体育用品零售。

（3）制造业。

大类：文教体育用品制造业。中类：体育用品制造。小类：球类制造，指采用各种皮质、胶质、革质的可充气的运动用球，以及其他材料制成的各种运动用球制作硬球、软球等球类产品的生产；体育器材及配件制造，指各项竞技比赛和训练用器材及用品，体育场馆设施及器件的生产；训练健身器材制造，指供健身房、家庭或体育训练用的健身器材及运动物品的制造；运动防护用具制造，指用各种材质，为各项运动特制手套、鞋、帽和护具的生产活动。

3. 体育产业在第一次全国经济普查中的统计分类

在第一次全国经济普查统计分类中,国家对体育产业在国民经济中的分类进行了调整,使我们对体育产业的分类和体育产业指标体系的设置有了一个比较清晰的认识。

第一,与以往相比,新制定的《国民经济行业分类》和《第一次全国经济普查统计分类标准》与1985年的《三次产业划分规定》相比,体育产业的地位明显提高。它将体育产业与文化娱乐产业组合在一起,作为第三产业的一部分,实现了国际标准的兼容,使统计数据具有了可比性。

第二,新的产业分类使得体育产业在国民经济核算中占有一席之地。

第三,在新的《国民经济行业分类》颁布之前,该标准是我们进行有效统计分析和调整体育产业统计分类口径的现实基础。

然而,从经济普查的结果来看,这种分类将体育用品、健身娱乐等体育本体和直接相关的产业完全剥离出体育产业,尚不能全面反映体育产业的全貌。

(三)国外体育产业统计分类情况

在《我国其他行业产业统计制度及国外体育产业统计工作研究》中,已经对前期国外体育产业统计分类做了详细论述。

从目前掌握的资料看,国外大部分国家,体育产业都未能列入国家标准产业分类,即使列入也是各个国家开展的体育项目因重点不同而造成彼此差异较大。

但是从近几年的发展趋势看,由于体育产业在全球的快速发展,某些承办过国际性大型赛事的国家的统计部门和体育部门,都在积极地调整各自的产业分类。

从最近几年的情况看,由国家统计部门出面,进行官方体育产业专项统计的国家有澳大利亚、新西兰、日本、韩国等。

通过对最新国外体育产业统计分类的考察,我们可以看到三点。

首先,体育用品业作为体育服务产业的中间投入产业和派生产业的双重属性,决定了它在体育产业分类中的重要地位。从规模上看,体育用品业(包括制造与销售)和体育建筑业在发达国家产业中占了近1/3的比重。因此，在我国的体育产业分类中，体育用品业和体育场馆建筑业无疑占有重要地位。

其次，从《我国其他行业产业统计制度及国外体育产业统计工作研究》的分课题研究中，我们也可以发现，体育场馆设施一直是国外体育产业统计分类的重要内容。这与国外体育场馆设施的产权性质和经营模式有关，同时也值得我们借鉴。

最后，国外的体育产业统计基本都是包含了第二、第三产业的体育相关产业内容的，这也充分说明了体育产业的独特性。

三、奥运前我国体育产业的基本情况

（一）奥运前我国体育产业发展基本情况

从前面分析中我们看到，体育产业是指："为社会公众提供体育产品和服务的产业活动，以及与这些活动有关联的产业活动的集合。"它包括两个部分：第一部分为体育产业主体的"体育服务"，其中包括体育组织管理活动；第二部分为体育产业补充的"体育相关产业"，主要包括体育用品、服装、鞋帽及相关体育产品的制造及销售。

体育产业的发展状况直接关系到一个国家竞技体育水平和群众体育的深入程度，是体育要素在经济发展与社会进步中得以发挥的核心经济动因。同时，体育产业也是组成第三产业中与人类自身发展密切相关的重要部分。当前，随着奥运会的成功申办，体育产业已经成为我国决策部门高度重视的新兴产业。

1. 总量状况

我国体育产业在20世纪80年代初期开始起步，如今作为国民经济新的增长点的地位已初步确立，主要体现在如下两点。

第一，体育产业规模不断扩大，在国民经济中的地位日益提高。

第二，我国体育产业虽然起步较晚，但发展速度很快。

2. 结构特点

20世纪80年代以来，我国体育产业相继经过了体育场馆由事业型向经营型转变阶段，体育系统自身加强国有资产管理开放阶段和体育产业深度市场

化、投资主体多元化三个发展阶段。在发展体育制造业的同时，体育服务业也获得了快速的发展，其产出总量已经达到了整个体育产业的21.64%。即使在我国体育产业比较发达的省、市，以体育健身娱乐和体育竞赛表演为主体的体育服务业创造的增加值也远远小于体育用品业。

（二）奥运前体育产业在我国经济和社会发展中的地位和作用

随着体育产业的迅速发展，体育产业在我国经济和社会发展中的地位日益显现，体育产业在促进经济增长和社会稳定方面发挥着越来越重要的作用。

1. 体育产业作为朝阳产业，对经济增长的拉动作用大

从国外的情况看，体育产业已经成为发达国家重要的新兴产业。与此同时，体育产业带动了一系列相关制造业和服务业的发展。由此可见，虽然当前我国体育产业的规模尚小，但是其产业特点和发展潜力决定了它有望成为我国国民经济的一个新的增长点。

2. 体育产业吸纳就业的能力强

从体育产业的内部结构来看，作为制造业内容的体育用品制造业，每亿元投资就业人数为2 832人，远远高于制造业整体的吸纳就业能力；而作为体育产业中服务业内容的竞赛表演业和休闲健身娱乐服务业，其吸纳就业的能力高于计算机服务、软件业与租赁和商务服务业等代表性的第三产业。而作为第三产业新内容的体育服务业，虽然目前其产业规模较小，吸纳就业的人数有限，但是从产业特征来看，未来体育服务业吸纳就业的潜力很大。

（三）奥运前我国体育产业发展存在的问题

1. 产业规模小、竞争力不强

我国体育及相关产业的总产值为2 439.05亿元，增加值为607.99亿元，占全国GDP的0.38%，体育产业就业人数为150.89万人，占第二、三产业就业总数的0.49%，占全国就业人口的0.2%。我国体育产业发展长期滞后，产出占GDP的比重不仅落后于发达国家，而且也低于同等发展程度的发展中国家。

2. 体育服务业所占比重不高，产业结构不合理

在我国体育产业整体中，体育服务业的比重很低，仅仅为整个体育产业的21.64%，吸纳的就业仅为整个产业的14.99%，这与其他国家体育产业中体育服务业为支柱的产业结构特征完全不同。

进一步看，在体育产业发达的国家中，占据了体育服务业增长贡献和就业贡献半壁江山的"体育健身休闲服务"，在我国发展却明显滞后，其在整个体育产业中的比重仅为8.06%，吸纳就业仅为5.45%，这表明我国体育产业尚未成熟。

3. 体育场馆投资渠道窄、经营效益差

体育场馆是体育竞赛表演业、健身娱乐业、体育培训业等多种体育服务业发展的基本载体，合理的体育场馆布局结构和发展模式是体育产业良性运行的前提。目前，我国各地大型体育场馆多数亏损经营，每年政府需补贴大量维护费用，营业利润整体为负利润。当前，我国体育场馆主要依靠国家投资，而法人资本、个人资本、外资投资的比例很低，影响了我国体育场馆的可持续发展。

4. 体育产业经营管理水平落后

目前，我国体育产业经营管理水平总体上比较落后，尚处于由计划经济体制下的管理模式向市场经济转轨的阶段。我国体育产业经营管理水平落后主要表现在以下两个方面。

第一，我国体育产业，特别是健身娱乐业，在总体上尚没有形成科学的经营管理模式，经营者缺乏经营管理的知识与经验。这种状况最直接的后果就是企业的运营成本过高，再加上税负过重的因素，使得许多健身娱乐企业在总体上处于亏损经营的状态。

第二，我国体育产业制度建设相对滞后，对体育产业的运营管理缺乏必要的规范和指导。尽管目前国家体育总局先后制定了《体育运动项目经营活动管理办法》《体育赛事活动管理办法》等法规。

第二节 体育产业发展的制度创新需求与供给

制度创新是改变原有制度对体育产业形成约束的最有效方式，本质上，制度创新也存在需求与供给。目前，我国体育产业在发展制度创新中很缓慢，有效制度供给滞后于体育产业的发展，究其原因，其中潜藏着对制度创新需求的不明确。

一、体育产业发展的制度创新需求影响因素

体育产业发展的制度创新需求，是使体育产业更好发展，以满足人对体育产品的多样化需求所形成的对新制度的需求。因此，对体育产业发展的制度创新需求进行判断，需要遵循体育特性，以满足人对体育产品的多样化需求为依据。

制度创新需求从理论上涉及一系列因素，这些是能使改变制度安排所产生的预期净利益发生变化，从而可以改变对制度变化的需求的因素。

（一）体育产品和体育要素的相对价格影响

体育产品和体育要素的相对价格是既定制度下决定的市场结构影响市场行为的直接结果。对制度需求影响的分析中，需要考虑体育产品和体育要素的相对价格，它们的实际价格多超出了人们的有效需求。一些体育俱乐部为了寻求收益最大化，因此体育产品被垄断生产，无法按照市场需求有效调节价格。对于体育健身产品，其在市场中形成的实际价格也较高，远超出人均文教娱乐消费支出。

市场中的主要体育健身产品并不能有效满足消费者的现实需求。可见，体育产品和体育要素的相对价格较高，影响了人们对体育消费的需求，如果想要更好地激励人们进行体育消费，就需要改变现有相关体育产品和要素的供给制度。

（二）体育产业涉及的技术进步影响

技术进步是推动产业发展的决定性因素，随着市场化改革的推进，改革所带来的收益可能会逐步减少。作为第三产业的重要组成部分，体育产业发展中的技术进步影响不能忽略。

首先，体育产业在其特殊的生产过程中，技术的呈现往往较隐蔽，但在体育竞赛表演业中，技术、战术水平的提高，体育健身娱乐业中咨询服务技术的创新，以及各种体育用品新功能的展现等都表明：体育产业发展需要技术进步。在国外体育产业的生产中，无论是实物型产品还是服务型产品的技术水平都在不断提升。

其次，从技术进步的本身而言，相关研究表明：私营企业平均技术效率水平最高，其次为国有企业，外商和港澳台投资企业的平均技术效率水平最低。当然，在体育产业的相关交易中，技术进步也可以降低交易费用，当技术进步达到一定水平时会客观推动新制度的形成，以降低体育资源的交易费用。

总体而言，体育产业发展、制度创新与技术进步间有一定内在的逻辑关系。概括而言，技术进步实际上是影响制度创新需求的组成因素之一，因此当考虑体育产业发展的制度创新需求时，必须把技术进步纳入分析范围，进而加速推动体育产业发展。

（三）体育市场规模的影响

体育市场规模成为体育产业发展的制度创新需求因素，主要体现在体育市场成本上。通常情况下，当体育市场成本较大时，证明体育市场规模较小。体育竞赛业因受制于行业主管部门，转播权受制于垄断传媒，企业市场化运作水平有待提高。事实上，通过制度创新影响体育市场成本，从而扩大市场规模、推动体育产业发展，存在一定合理性。由此可见，这一过程体现了"制度—市场—体育产业发展"三者间的联动关系。因此，从这一角度，市场规模对体育产业发展的制度创新形成了相应需求。

二、体育产业发展的制度创新需求导向

对体育产业发展的制度创新需求进行探索，不仅要明确具体的需求影响因素，还需要揭示需求因素汇集而成的需求导向，其直接关系到新制度体系的构建。对于需求导向的判断，其基础是理顺各需求因素对导向的直接和间接影响。

（一）直接需求导向判断

1. 价格的影响

根据上述对需求因素的分析可知，需求因素主要涉及了体育产品或体育要素的价格、体育技术进步、体育市场规模，以及其他制度安排、偏好、偶然事件的影响。事实上，价格一方连接体育产品、体育要素等资源，另一方连接市场，并对技术等其他需求因素也形成了相应的直接或间接作用。因

此，价格对制度创新需求导向的影响将是所有因素中最为核心的代表，而与此价格最直接相关的制度包括体育产权制度和体育资源配置制度。

具体原因包括：第一，体育产权制度是界定体育资源所属权的制度，体育资源的产权是否清晰，最直接的体现就是该体育资源在市场上是否可以出售，因而从价格确定角度，与体育产权制度直接相关；第二，体育资源配置制度实际是界定体育资源由谁配置的制度。

2. 体育技术进步的影响

体育技术进步的需求将直接形成体育技术制度导向，因为技术的发展、更新和进步是与制度密不可分的，在制度需要上必然形成相应的技术制度导向。因此，与体育技术进步直接相关的制度是体育技术制度和相关扶持性政策。

3. 体育市场规模的影响

从体育产业发展角度，体育产业发展离不开市场，体育市场规模是其发展中制度创新需求的体现，而在具体需求制度导向上也将直接决定新制度的形成。具体原因包括：首先，市场规模需要相应的投融资主体参与，因此体育投资制度、体育融资制度是直接的制度依托；其次，市场规模也是市场完善的体现，税收制度的杠杆作用就显得尤为重要。

（二）间接需求导向判断

以上分析的体育产业发展制度创新导向，是受制度创新因素直接影响所形成的，而当考虑到其他需求因素的作用情况，还将形成体育产业发展的制度创新影响，即形成间接的制度创新导向。这里政府监管涉及体育产业发展的多方面，是各种需求因素综合后形成的制度导向。

综上，制度创新需求因素对于体育产业发展所需的制度形成了相应导向。因此，通过需求因素判断其对制度创新的导向作用非常关键，是体育产业发展所需新制度体系明确的重要参考。

三、体育产业发展的制度创新需求趋势判断

对体育产业发展的制度创新进行分析要考虑现有的制度创新需求导向。因为新制度的建立是针对一定时期的，不仅要在当前扶持和推动体育产业发

展，而且在构建体育产业发展的新制度体系之前，需要对制度创新需求的变化趋势进行判断。

（一）需求约束逐渐凸显

制度创新需求约束是在体育产业发展过程中产生的相对应约束，整体上，这种约束会制约体育产业发展。从理论上看，由于制度创新需求在体育产业的发展过程中一直存在，而当这种需求达到一定界值时。

目前，我国体育产业发展受制度的制约较明显，这种制约实质是制度创新需求约束的体现。因此，需求对新事物一直以来都起到重要的引导作用，当新制度建立时，也是需求变得最强烈的时刻，相应的需求约束必将同时达到最大化。

（二）需求升级日益加速

在体育产业发展初期，限制因素较多，因此制度创新需求比较明显；但当体育产业随发展逐渐完善时，制度创新需求则比较隐晦。制度创新需求升级主要包括三方面。

第一，原有需求主体逐渐完善，对制度创新需求逐渐强烈，在制度创新中所起的作用也将逐渐增大。

第二，需求的表现形式呈现多样化、表现途径呈现多元化。这种需求升级是从需求的现实表现呈现的，但随着体育产业发展，对新制度创新的需求将逐渐表现为自身积极配合和主动参与。

第三，需求的紧迫性逐渐强化。这种紧迫性一方面促进体育产业发展所需的制度创新，另一方面使体育产业发展中的最迫切需求得以呈现。

可见，在体育产业发展中，制度创新需求升级会逐渐进行，升级的重点涉及制度创新的参与主体、需求的具体表现和需求的紧迫性。把握这三个方面的升级，即通过制度创新需求升级，进一步明确制度创新需求对现实制度创新的引导。

（三）需求的层次性偏好提高

在一般制度的创新中，需求者对制度的需求往往会呈现不同的层次性。这种层次性偏好的存在是因为体育产业发展本身涉及不同的主体，所以制度需求会存在差异，从国家层面则会需求新的制度性支撑和规划。因此，体育产业发展对制度的需求会逐渐呈现一定的层次性偏好，针对具体制度需求主体的现实需求提供所需的不同层次的制度。

综上所述，体育产业发展的制度创新需求是体育产业发展所需新制度体系形成的依据，需要以微观层面的需求因素为导向，并判断未来制度创新需求的变化趋势。

四、体育产业发展的制度创新供给主体

（一）制度创新中供给主体的确认

从制度经济学理论视角来看，制度需求对应着制度供给：一方面，制度供给需要满足制度需求；另一方面，制度供给又影响着不断变化的制度需求。换言之，制度供给过程需要具体的制度供给主体来推动。

在现实当中，对于体育产业发展的制度创新，制度供给主体可以从宏观与微观两个角度进行界定。其中，宏观上涉及中央政府、相关体育行政部门及地方政府，微观上则涉及具体的体育企业、社会体育团体和个人（体育消费者）。但是，对于体育产业发展的新制度供给者，为什么要提供制度？怎样提供？这由其本身在该制度创新中所处的地位、所拥有的权力的博弈结果而定。

（二）制度创新中供给主体的职能

首先，中央政府是体育产业发展所需制度的供给主体，其主体地位非常重要，不能被取代。因此，宏观上制度供给主体由中央政府进行宏观制度、核心制度的供给，相关体育行政部门与地方政府进行针对性和操作性制度的供给。对于正式制度的供给往往会由宏观主体直接提供，其原因是：只有政府作为正式制度的供给主体，才能承担起新制度供给的成本。

其次，从微观视角来看，无论是体育企业、社会团体，还是个人作为制度的供给主体，供给能力都会由弱逐渐增强。这是因为，现实中的非正式制度是人类社会不断传承的体育传统文化的一个重要组成部分，它主要是个人自我实施的体育性行为规范。因此，只要微观主体认为这些制度有利可图，存在的制度收益大于制度供给成本。由此可见，当制度供给形成一定的效果时，微观主体的供给职能会逐渐增强，突出表现在对已有制度体系的完善上。

从制度经济学视角看，体育产业发展对制度创新存在一定需求，相应也需要具体的制度供给。需求方面剖析了影响体育产业发展的制度创新需求因素，判断了具体需求因素的导向及未来的制度需求趋势。事实上，制度创新体系构建的基础，直接关系到所需制度的创新路径构建与操作性策略的设计，这将对后续研究起关键性的支撑作用。具体研究总结如下。

（1）在体育产业发展中，占有核心地位的体育产品和体育要素价格形成了对体育产业发展制度创新的首要需求；对于体育市场规模，同样是体育产业发展的制度创新需求因素，其需求点体现在对体育市场成本的控制上。

（2）体育产业发展中的制度创新需求差异客观存在，因此需要明确各参与主体的需求差异，这是针对需求进行制度创新的基础。首先，制度创新需求差异的产生源于各参与主体的偏好，或因其自身的利益的诉求不同而形成，具体来自体育企业、政府，体育产品消费者和非正式组织的制度创新需求；其次，制度创新需求导向对需求差异的融合可以通过综合式融合、重点式融合和阶段式融合完成。当然，制度创新需求存在一定的变化趋势，这种趋势包括需求约束逐渐凸显、需求升级日益加速和需求的层次性偏好提高。

（3）体育产业发展的制度创新需求对应着制度供给和具体的供给主体，制度供给主体可以从宏观与微观两个角度进行界定。供给主体在制度创新中的职能有所区别：首先，中央政府是体育产业发展所需制度的供给主体，其主体地位非常重要，不能被取代；其次，无论是体育企业、社会团体，还是个人作为制度的供给主体，供给能力都会由弱逐渐增强，突出表现在非正式制度的供给上。

（4）体育产业发展中，不同制度供给主体之间的博弈是正确判断新制度体系，以及具体制度创新路径的基本前提。相关体育行政部门、地方政府及其他微观参与主体在制度创新中的谈判优势会低于中央政府，相互之间也存在差别。从现有制度变迁到新制度的完善，其制度供给主体的地位会不断变化，不能仅依靠单一的制度供给主体。

第三节 体育产业发展与经济增长

一、西方发达国家的体育产业与经济增长

在很大程度上,我们可以说美国的体育产业发展情况是世界之最。那么,体育产业是何时开始快速发展起来的呢?时间追溯到20世纪80年代,大众健身和体育休闲活动在世界范围内蓬勃开展,西方发达国家的体育产业因此得到了飞速发展,体育产业逐渐成为国民经济的重要组成部分,其战略地位日益突出。随着体育的浪越热越涌,部分经济部门及行业借势兴起,体育产业的范围也越来越大。在英国,体育理事会于20世纪80年代和20世纪90年代,先后两次以"体育在英国经济中的作用及意义"为题,进行了大规模的调查研究,结论是"体育已成为整个国家经济机制的重要环节之一"。在美国,体育产业的主要收入来自健身、娱乐等体育休闲活动。在意大利,以足球彩票为主的"足球工业"为发展基础,体育产业跻身意大利国民经济"十大部门"之一。瑞典侧重于推广体育旅游产业。日本作为亚洲的一个发达国家,在体育产业方面也取得令人瞩目的成绩,进入20世纪90年代,政府又把体育产业列为21世纪基干产业之一。

虽然这些国家在发展体育产业方面的侧重点略有不同,但可以得出的结论是,体育的经济功能得以实现并受到很大程度的重视,国家的政府部门对体育产业的研究与开展已站在战略的高度上。近年来,随着这种战略研究的不断深入,体育产业的战略地位更加突出,不少国家已提出"国民体育总产值"的概念。

二、我国的体育产业发展与经济增长

1. 体育产业发展与产业结构

产业结构是指农业、工业、服务业等国民经济各部门的内在联系和所占比重的构成。产业结构的优化就是以最优化国民经济效益为目的,根据本国所处的地理环境,所拥有的自然资源,所在的经济发展阶段,自身科技水

平、人口规模和国际经济关系等条件，对产业结构进行的动态调整，以满足社会不断增长的需求的合理化及高级化。我国由传统的计划经济向社会主义市场经济的过渡，就不能规避产业结构的优化。自1978年我国实施改革开放，至今已四十多年，我国第三产业发展较快，但从总体上看仍旧存在问题：首先，我国第三产业还严重滞后于第一和第二产业；其次，我国第三产业的发展与发达国家的发展水平相差甚远，成为制约整个国民经济发展的落后产业。随着我国社会主义市场经济的逐步确立、人均国民收入的增加，加快第三产业的发展，优化产业结构，提高第三产业产值在我国GDP中比重的呼声越来越高。1992年6月，中共中央、国务院在《关于加快发展第三产业的决定》中明确指出：要在发展第一、第二产业的同时加快发展第三产业，促进国民经济每隔几年上一个新台阶。为此，第三产业增长速度高于第一、第二产业，第三产业增加值占国民生产总值的比重和就业人数占社会劳动者总人数的比重，力争达到或接近发展中国家的平均水平。体育产业作为第三产业的组成部分，具有经营对象范围广、需求层次多、市场开发潜力大等特点，这些已被体育产业发达国家的实践所证实。我国体育产业开发起步虽晚，但发展速度快，特别是其中的体育用品制造业。据统计，1994原国家体委（现国家体育总局）系统经营实体共有1 949个，1991—1994年共获利润2.3亿元人民币。四年中有10个市、区赢利超过1 000万元人民币，其中上海市突破亿元。1997年，上海市对全市的体育事业进行了全方位的改革，力争到21世纪初使其成为第三产业的支柱产业。

2. 体育产业发展与就业

1987年，体育产业为英国社会提供的就业机会达到了37.6万个，超过煤炭、农业和汽车零部件制造业；在美国，发达的体育产业拥有数百万人为其服务，这还不包括数百万名职业运动员；在法国，赛马彩票机构提供的职员岗位达12万多个；意大利的足球彩票提供了3万多个就业机会。

我国的体育产业还处于起步阶段，即便如此，其在解决就业问题上的作用已崭露头角。中国人口众多，现从事体育产业开发的人员有数万人，若能向纵深发展，前景将会十分可观。

3. 体育产业发展与国民经济可持续发展

国民经济可持续发展的问题，在当今世界扮演着越来越重要的角色。人口众多，自然资源有限是我国现在的基本国情，为了使国民经济进入下一个发展时期，内涵型扩大再生产的道路是我们必须的选择。而体育产业的发展，对物质生产和国民经济增长有着直接或间接的促进作用，是经济发展的助力之一。

首先，体育产业（尤其是健身娱乐产业）的发展有助于提高劳动者的身体素质，从而进一步提高劳动生产率。来自国外学者的研究调查结果显示，经常参加体育活动的工人平均比不参加体育活动的人员多0.6%至10%。日本一学者的一项研究表明，积极参加体育运动，可以帮助每人每年节约2万日元左右的医疗费。因此，积极发展体育健身娱乐业可以保护和提升社会生产力的主要因素——劳动力，促进劳动生产率的提高。

其次，体育可以带来巨额收入，直接大力推动国民经济发展。例如，1994年美国举办世界杯足球赛的花费不到五万美元，但根据比赛结束后专家的估计，这次赛事带来的利润高达40亿美元。到20世纪90年代中期，美国体育产值超过3 000亿美元。英国经济学家曾经做过这样一个测算，即每投资1英镑于体育运动的发展，就可获得1.5英镑的产出。目前，体育产业在我国的国民经济体系中是一个尚未完善的经济部门，是一个发展相对不够成熟的产业，但却拉动了相关联产业的发展。我国体育用品年产额不断上升，1994年我国体育用品出口额为21.8亿元人民币，1995年为27.7亿元人民币，主要包括运动器材、运动服装等。例如，人们耳熟能详的健力宝集团，它位于广东三水西南镇，之前只是一家濒临倒闭的小酒厂，资产不过百万。借助于"体育概念"，健力宝集团发展生产运动饮料，开拓新型市场，现成为多元化、外向型的有限公司，并获得了巨额经济效益。

三、我国体育产业的发展

1. 我国体育产业发展的良好机遇

在全球经济一体化的趋势之下，现代体育产业经营日益走向国际化，出现了一些闻名世界的跨国公司，如耐克和阿迪达斯。在中国，足球甲A联赛的冠名权是由一家世界著名的公司——飞利浦购买的，而足协杯的比赛，也是由飞利浦公司赞助的。公平竞争的市场经济是开放的经济，我国必须及时从战略的高度发展体育产业，即使没有准备好，也要尽快与国际接轨。在产业发展中，尤其是在无形资产管理方面，我国若处于被动地位，将失去很多无形资产。中国的体育产业发展始于20世纪80年代，经过近40年的快速发展，体育产业的结构基本搭建，国民经济新的增长点的形象初步确立。在国内消费需求方面，特别是近年来，尽管苦难状况较多，但体育消费持续增长，体育市场日益繁荣，体育产业正在成为一种拉动消费、扩大内需的新力量之一，显示出巨大的发展潜能。据有关专家估计，1998年我国体育消费达到1400亿元，体育系统运行收入约1.79亿元。因而，就我国体育产业现状而言，探索21世纪我国体育产业发展的战略，具有不可忽视的重大意义。

2. 我国体育产业发展面临的机遇与挑战

21世纪的我国体育相比于20世纪，有了很大的变化，具有了新的特点，体育将是一种新生力量，推动我国经济持续发展。我们要对我国体育产业发展面临的周边环境有一个正确的理解认识，要站在战略的角度，规划21世纪我国体育产业发展。

（1）21世纪，我国经济仍将保持可观的增长速度，2000—2020年平均潜在增长率可达7.3%左右，GDP则仅次于美国，居世界第二位。因此，这为我国体育产业的发展塑造了良好的经济环境。

（2）我国产业结构将深度优化调整，第三产业所占的比重将呈现持续的增长态势，这也是体育产业发展的有利条件之一。

（3）我国人口总数及我国劳动力总量将不断增长，人口老龄化趋势将加快。这意味着尽可能多地创造就业机会是21世纪我国体育产业发展必须考虑的一个重要的发展取向，而借由体育独有的特征优势，人口老龄化趋势可转变为我国体育产业发展的机遇优势，21世纪体育产业发展战略的制定者对此要有足够的认识。

（4）在21世纪，中国的城市化将继续加速，城市人口将大大增加。它在体育产业的发展中起着重要的作用，尤其是在促进体育消费和拓展体育市场的过程中起着重要的作用。为制定21世纪体育产业发展战略，有必要准确估计加速城市化对体育产业发展的推动和援助。

（5）21世纪，中国将以网络经济为核心内容的经济形态作为新的发展方向。21世纪体育产业的规划与发展战略必须应对新经济的到来，体育产业发展思路的设计、目标、重点和对策必须把握经济形态转型的特点，顺应新经济的要求。

（6）随着"全民健身计划"项目的启动与实施，大众的体育意识将持续加强，我国的体育人口将持续增长，社会对体育产品的市场需求也将持续增加，从而拉动体育消费。

（7）闲暇时间的不断增加和假日经济的初期繁荣，特别是大力度的闲暇产业及闲暇消费各项政策，将为体育消费开拓新的天地。

（8）我国社会保障制度的改革，尤其是医疗制度的改革，刺激了人民群众的体育消费，这使人们提高自身的身体素质、健康水平及抗病能力，因而对体育产业消费的市场需求起到了促进作用。

（9）体育产业的发展具有一种"乘数效应"，体育产业的较快发展必将带动国民经济其他相关产业的发展。

四、体育产业发展与全面建设小康社会

党的十九大提出，决胜全面建成社会主义小康社会，加快推进社会主义现代化的新阶段。全面建设小康社会与原来的小康相比有新的突破：从广度上来说，全面建设小康社会强调全面性，不是一部分而是更多的人民群众进入小康社会；从内涵来讲，全面建设小康社会对小康的质量和层次提出了新的要求，它不仅仅包括生存性的需求，而且包括了人们的发展性的需求及享乐的需求；在人们生活水平提高的前提下，人自身的素质需要有明显的提高；全面建设小康社会不仅包括个人消费，而且包括公共性消费、福利，以及人与自然界和谐发展的问题。全面建设小康社会，为体育产业提供了良好的发展机遇。

第一，全面小康必然是社会生产力的显著提高。国民整体富裕，人们将会从生产劳动中节省下来更多的余暇时间，收入水平也会普遍提高。在整个社会层面上解决"有钱"和"有闲"的问题，体育消费将不再是少数人的专

有福利，体育产业将迎来一个像必需品一样的广大消费市场。

第二，在富裕的基础上会有新的需求。根据亚伯拉罕·哈罗德·马斯诺（Abraham Harold Maslow）的需求理论，当人们满足基本生存需求时，就会转向更高层次的需要，如提升生活质量、愉悦休闲、追求发展。国际经验表明，在衣食充足、生活稳定的情况下，享受和发展的支出将迅速增加。现实也证明，我国居民在教育和文化娱乐服务领域的休闲收入弹性正在不断加大，表明了这种强烈的需求，这是因为现在人们更加注重自身素质和发展。虽然中国的体育产业刚刚起步，但提高身体素质对提高生活质量的积极作用越来越得到人们的认同和重视，因此全面建设小康社会会刺激更大的体育需求。

第三，全面建设小康社会需要产业结构的优化和经济发展方向的调整。我国第三产业比重逐年上升，体育产业作为"无烟工业"，符合可持续发展战略，体育产业在扩大内需、优化产业结构、拉动经济增长等方面的表现尤为突出。在扩大就业的过程中，要解决工业化和信息化进程中资金对劳动问题的排斥作用，体育产业正发挥着日益突出的作用。因此，顺应全面建设小康社会的方向，体育产业也势必会得到全社会的认同与支持。

体育产业的发展可以促进全面建设小康社会的历史进程。体育产业的本质是全面调动社会力量，为所有社会成员提供体育产品和服务，满足他们对体育的物质与精神需求。丰富的体育产品和服务对于全面建设小康社会有以下两方面的作用。

从供给方面来说，小康社会已不限于人民群众的温饱，而有更高层次的生活质量的要求，健康就是其中之一。健康的身体一直是人们追求的目标，体育锻炼是有效的方法之一。然而，对于中国这样一个拥有众多人口的国家来讲，依靠单一方面的力量来满足所有人参与体育的需求是难以实现的。为解决这个问题，我们可以积极推进体育产业的发展，它可以很大程度地刺激社会办体育的积极性，调动全社会的人、金钱、物质资源用于体育产品和服务的生产，缓解供需矛盾。与此同时，心理健康是健康的重要组成部分。现如今，众多体育产业部门已经把自己定位为"娱乐制造者"，为消费者的心情、快乐的体验服务，为消费者带来更丰富多彩的生活。

从需求方面来说，小康社会要求的是全体社会成员的小康。在计划经济时代，参与体育、观赏体育的机会是通过行政手段进行分配，可以说机会是较小的。虽然花销不大，甚至是不需要花销，但这种制度决定了"体育生活"只有一部分人能享有。但是，当我们大力发展体育产业的时候，这种不公平的机制就会逐渐消失，资源的分配不再以权力划分，而是在公平的市场调节下运行，保障了全体社会成员的体育权利，使得普通的人民群众也可以参与体育活动，观赏体育赛事，拥有丰富多彩的体育生活。

全面建设小康社会需要理念创新和实际行动，它要立足于如何让更多的老百姓受益。在这里，笔者北京市东城区体育局规划的"体育产业园"为例，该园拥有包括体育主题公园、体育商务区、体育主题住宅区、休闲健身区、体育主题广场在内的众多体育设施，旨在通过创建体育产业园，推进北京建设国际体育中心城市，并率先进入小康社会发展进程。

第四节　体育经济发展理论

早期的发展经济学文献，常将"增长"和"发展"二词视作同义词；在现代发展经济学中，经济学家认为"增长"和"发展"并不完全相同，两者既联系密切又具有各自的含义。

一、经济增长与经济发展的含义

我们所说的经济增长，从严格的角度应该这样定义：一个国家或一个地区在一定时期实际的货物和劳务产出的增加。该内容可以用国民生产总值计算，也可用人均国民生产总值计算。国民生产总值可以用来衡量某一国家或地区的生产能力；人均国民生产总值可衡量某个国家或地区扣除人口增长因素后生产水平的提高，可应用在国际的比较。相比较而言，经济发展的内涵要更加宽泛了，除了经济增长和人均产出的增长，它还与经济结构、政治体制、文化法律，甚至观念、习俗的变革相关联。在相继发出的有关"发展"的定义中，经济学家丹尼斯·古莱特（Denis Goulet）从很广泛的角度定义

"发展",并且指出了"发展"的三种基本要素或核心价值,即生存、自尊和自由。

生存通常代表着基本需要的满足。20世纪70年代,世界银行创新发表了发展的基本需要衡量法。如果一个国家不能为全体人民提供衣食住行和最低限度的教育等基本需要,就不能认为是十分发达的。

自尊代表要有独立意识,任何国家如果受到他国的剥削,没有能力和权力与其他国家平等地相处,就不是十分发达的。发展中国家为自尊而追求发展,消除与低下的经济地位相关的被统治感和依赖感。自由关系到摆脱"贫穷、无知和卑贱"这三个祸害,使全体社会成员可以自由地决定自己的命运。人不能选择,就没有自由;如果人仅能维持生存,没有教育,没有技能,也就没有自由。物质发展的好处在于它普遍地扩大了个人和社会选择的范围。

经济增长和经济发展是两个相互关联、不同的概念。经济增长是经济发展的基础,是社会进步的必要物质条件。经济发展是经济增长的结果。经济增长是手段,经济发展是目的。一般来说,没有经济增长,经济发展是不可能的。虽然没有增长的发展是不可能的,但是经济增长的过程并不一定意味着经济的发展。经济增长与结构不平衡并存的局面表现为:产出增长的结果并不有利于广大劳动群众,而是造成越来越严重的长期两极分化;产出正在迅速增长,但其中很大一部分并不能弥补国民经济和人民生活的不足。片面追求快速的产出增长,不管绝大多数人的福利,不计社会成本,等等,结果是一幅虚假的图景,而不是真实的图景,不能被视为发展。伴随着经济增长而来的是经济依附。如果经济增长主要依赖拥有外国技术人员力量的外国公司,即基本依赖国外市场,这种情况总是带来结构性改革滞后,每个相关部门不能出现相应的增长,因为缺乏制度变迁,所以发展没有增长。

产业是具有某种同一属性的企业的集合,又是国民经济以某一标准划分的部门。经济发展包含了产业发展,其核心是结构变化的过程。经济发展是以产业发展作为前提和基础的。产业发展包括了每个产业的进化过程,也包括各个产业总体的进化过程。如前所述,经济发展的含义要比产业发展宽得多。

产业发展与产业增长之间也存在差异。产业增长仅仅是指产业生产能力和经济潜力的增加，或者是从产出的角度来看产业数量的增加。产业发展包括以下四个方面。

（1）产业增长。具体指标可以多种多样，如产业综合生产能力指数、产业产品指数、收入增长指数等，这些都可以用来衡量产业增长的情况。

（2）产业均衡发展。一方面是产业内部的均衡发展；另一方面是产业发展的稳定性。

（3）协调产业发展。主要是评估产业部门和产业要素在产业发展中的协调程度。

（4）发展的效率。检查产业发展的质量和效果。

这四个方面表达了某个国家在一定时期内的产业发展状况。产业发展包括产业增长，而产业增长只是产业发展的一部分，有些人则混淆了产业增长和产业发展之间的差异。在中国的实际经济生活中，明确产业增长和产业发展这两个概念的差异具有以下两个重要意义：

第一，区别产业增长与产业发展的概念，有助于经济稳定和促进产业发展。如果对产业增长和产业发展混淆不清，就容易导致片面追求经济的超高速增长，诱发经济增长过热和失衡。

第二，有利于产业结构合理化。如果对产业发展的全面性、系统性认识不足，偏爱以产值、速度为特征的产业增长，盲目追求高速度，结果必然带来产业结构不合理的现象发生。如果从产业发展的全面性出发，坚持适当的速度和结构均衡，在产业发展中注意各大产业之间及各产业内部的比例，使产业结构合理化、高级化，则有利于产业增长。

二、区域经济发展的若干理论

由于大多数国家和地区仍处于发展相对滞后和资源相对稀缺的进程中，大多数国家和地区在一定程度上选择不平衡发展作为区域经济发展的主要办法。本节介绍区域经济发展的几个理论，这些理论对我国区域体育经济的发展具有一定的借鉴学习作用。

（一）增长极理论

1950年，来自法国的经济学家弗朗索瓦·佩鲁（Francois Pemoux），率先提出了一个新的概念——抽象经济空间。这种将经济空间与地理空间比较的理论，具有不同的特征及意义。他认为，经济空间不平衡，并非所有行业都同时出现增长。相反，它首先在不同的行业迅速增长，并形成两极分化，再通过不同的渠道扩散开来，从而对整个经济产生不同的最终影响。佩鲁强调大规模、快速增长和占主导地位的产业部门的联动效应。在20世纪60年代，法国经济学家J.B.布德维尔（J.B.Boudeville）改变了增长极理论，即从一个抽象的经济空间到地理空间，强调空间特征的增长极。在探究增长极的位置时，布代维尔将区域划分为三种类型——均质、极化和计划区域，并解释区域增长极是如何发生的。之后，一些学者从地理的角度对增长极进行了进一步的概念化，强化了产业空间集聚的特点，甚至将增长极视为一个城市单元。该理论对区域体育经济的发展有两个实际作用。

首先，它根据经济发展的特点和资源集聚的优势，指导我们将在地理位置上具有人文、金融、物质和技术优势的城市作为体育经济发展的中心或极化地区。

其次，引导我国在体育经济发展的中心领域，必须选择具有一定的体育优势的产业作为第一发展方向，带动其他部门的发展。这一理论的核心是通过资本、技术和其他生产要素的迅速和高度集中来形成规模经济。在此过程中，它将对周边地区产生强大的拉动效应，推动周边地区的发展。

虽然增长极理论在体育经济的区域发展中起着重要的指导作用，但在选择实际战略时需要考虑三个问题：首先，虽然增长极的核心是大规模、高关联效应的发展，以及高吸引力的推进式体育产业板块的融合，但也需要有适当的周边环境（区域条件）与之紧密合作，否则就难以达成效果。其次，极化效应与扩散效应的对比对增长极的推动效果至关重要。资源集中在中心区域的初始扩散效应应该小于极化效应，保持的中心地区快速增长势头，周边地区可能无法分享，其结果将加大区域间的发展差距，无法实现区域政策执行的预期效果。因此，在强调增长极发展的同时，要充分考虑如何协调"点与面"的发展，使增长最终成为区域体育经济发展的驱动力。最后，还需要研究增长极的合理规模和层次等问题。

（二）循环积累因果理论

增长极理论存在某些不足，在这种情况下，瑞典一位经济学家提出了用动态和结构性方法进行循环积累的因果关系理论。该理论的主要含义是：经济发展不是同时发生、空间分布均匀的，而是从一些发达地区开始的。一旦这些地区具有比其他地区更大的优势，这些既有的优势就可能通过积累的因果过程导致该地区的进步，从而进一步加强和加剧区域间的不平衡发展，从而创造增长和滞后的地区。空间有两种效果。一是回流效应。生产因素，如资本、劳动、技术，生成一个流从边缘到中心的模式，这是因为收益的差异，使经济在外围地区衰退，区域经济差距扩大。二是扩散效应。当经济向更高水平发展时，资本、劳动力、技术等因素从中心向边缘流动，降低了区域的非均衡性，推动了外部经济的发展。这一理论为政府政策提供了很好的建议，即政府在经济发展的初始阶段应该采取不平衡的发展战略，率先发展具有强劲增长潜力的地区，获得更好的投资回报和更快的增长率。最终，在这些发达地区出现的扩散效应将会拉动其他地区的发展。

在实际选择区域体育经济发展的策略时，该理论提出了一个重要线索，即当采用非均衡发展方式作为区域体育经济发展的手段时，政府需采用政策调节机制，一方面使优势区域的体育经济快速发展，另一方面通过刺激落后地区的制度安排，使发达地区和滞后地区的差距不至于过大。

（三）产业关联效应理论

1958年，《经济发展战略》出版，这本书是德国著名经济学家阿尔伯特·奥托·赫希曼（Albert Otlo Hirsohman）所写，他对区域经济发展做了更进一步的研究。他极力主张，区域经济发展的不平衡战略是经济发展的最佳途径。他认为，并非所有地方都有经济进步，但一旦有了巨大的动力，经济增长就会集中在最初的增长点周围。在经济增长的过程中，实力中心往往被放在一个或几个地区的优先位置。增长点的出现导致地区之间的不平衡，这是增长不可避免的先决条件。他还主张，经济发展并不主要依赖资源的形成，而是依赖利用现有资源并最大化其收益的能力。经济发展是一系列不平衡的链条过程。在任何时期，国民经济的各个部门之间都相互关系、相互作用和相互依赖。各部门的发展始终是不平衡的，经济发展是一系列不平衡发展与其他部门共同作用的结果。因此，他用外部经济理论提出了"关联效应"的概念，即现代经济部门之间存在着前后的联系。任何具有关联效应的行业，无论是前向还是后向，都可以通过该行业的扩张来吸引投资。投资的增加不仅导致了前向和后向联系的产业的发展，而且反过来又促进了产业的进一步发展，从而促进了整个产业部门的发展，达到区域经济增长的效果。该理论对我国区域体育经济的发展具有以下现实意义。

（1）从宏观的角度来讲，探索我国区域体育经济的发展模式和产业启动的战略选择可以以此为依据探索，它是政府制定宏观发展战略的理论依据。

（2）各产业之间存在着内在的前向关联和后向关联。构建产业结构相关模型，有助于把握产业集群中的最具刺激性的产业或"资源禀赋特色产业"，为区域体育产业研究提供基础理论框架。

（3）区域体育产业结构连锁反应模型的建立，使人们更容易掌握各产业之间的成长型传导路径和传导机制。在此基础上，生产要素因素、市场因素和产业政策可以根据实际情况合理分配在不同的地区，传导瓶颈在开发链中可以打开，可以抓住主要矛盾，常规或非常规的传导方法可以选择应用在其他体育产业领域，最终实现规模化、高级化的区域体育产业结构体系。

三、影响区域体育经济发展的要素

（一）区域体育经济发展的资本积累及投入量的不断增加

资本的定义因研究目的的不同而不同。在区域体育经济的增长和发展理论中，资本可以被描述为"带来增值的价值"，它包括物质资本、人力资本和金融资本。一个地区的资本来源主要是"储蓄"，它的构成根本上是该地区在一定时期内的国民收入减去消费后的余额。如果我们从区域体育经济发展的再生产过程中考察，"余额"的一部分实际上可以用来发展地区的体育经济体育，成为体育经济发展的"资本积累"。这种积累体现在体育场地、泳池等生产要素的增加，各种设备、交通设施、库存的增加，以及体育劳动力质量的提高，也可以单纯看资金数量的增长。前者的积累有利于资金的增加，而资金的增加可以转化为生产要素和高质量体育劳动力的增加，它们共同构成了一个区域经济发展资金用于体育经济发展的积累。积累的存在是区域体育经济发展所需要的"再生产"的源泉，不断积累是区域体育经济"扩大再生产"发展的必要前提。因此，一个地区用于体育经济发展的资本积累速度越快，该地区体育经济的资本投入增长速度就越快，对区域体育经济的发展就越有效。

值得注意的是，当今地区体育经济的发展并不是闭合的，开放性和横向联系在各地区之间有很强的体现。正是由于这一点，区域体育经济发展的资金会大范围的流动，部分地区的盈余资金将流向资金短缺的地区，从而增强资本流入区域的发展动力。这是一个地区的资本积累向另一个地区的转移，是发展动力转移的特殊方式。区域体育经济的发展是以区域的资源和市场条件为基础的，然而该区域的资源和市场是有限的。因此，有必要敦促各地区努力争取本地区以外的资源和市场，开展本地区体育活动，以促进经济的增长和发展。这种发展方式，不只是物质资源有限的地区的特殊需要，任何拥有一定体育资源甚至丰富资源的地区，都是需要的。由于每个地区的任何体育资源分配都是不均衡的，差异必然会促进交流，区域间你来我往、互相补充，实现更好的生产。

因此，区域体育经济增长与发展的理想模式之一，就是在立足本区发展条件的前提下，大量引进互补性体育资源，其中所获取的"增值"部分也是区域体育经济增长与发展的重要源泉。例如，目前正在考虑中的"长三角"体育资源一体化问题，实际上就是试图构建一个各类资源优化转移的问题。

除上述之外，对于任一地区来讲，体育消费和市场能力都是有限度的，并不是不竭的，因此必然不可以只依靠该地区的消费能力增长去扩大市场，这样做的弊端是市场会逐渐饱和。如果生产资料、劳动力、资本和技术有过多的灵活性，区域外体育市场的发展将直接制约区域内体育经济的发展。因此，在区域发展条件的基础上引入大量的体育资源互补，是区域经济增长和体育发展的理想方式之一，所获得的"附加值"部分也是区域体育经济增长和发展的重要来源。举例来看，目前正在筹划的"长三角"体育资源整合，本质上是在建立一种各类资源转移优化的问题。

（二）区域人口与劳动力资源条件的改善

一个地区的人口、密度、增长率、人口结构和整体素质的数量和定性特征对该区域的体育经济发展有着不可忽视的作用，我们可以有以下两种理解方式。

首先，一个地区优秀的体育人才越多，该地区竞技体育观赏服务产品的类型、生产水平和数量就会更优。运动员是生产"各种人体运动动作组合观看服务产品"的特殊劳动力，是该生产中最重要的生产要素，对产品的种类、产量和质量有决定性的作用。举个例子，如果巴西足球队和中国国家足球队在上海进行了一场商业性的比赛，因为巴西足球队是世界杯冠军球队，所以这次比赛的质量会很高。

其次，人口结构和整体素质对该地区体育消费市场有一定的决定作用是主要因素之一。据相关理论显示，消费者的年龄、消费偏好等影响有效消费。如果一个地区的人口具有合理的性别构成和年龄构成，那么它不仅有利于与体育相关的劳动力和就业，而且会促进不同类型的体育消费的形成，扩大体育消费；如果一个地区人口的整体素质良好，体育消费偏好也会趋向合理，促进体育消费市场的发展，进而促进该地区体育经济的发展。

（三）技术的进步

说到体育经济增长与发展，技术进步是不可忽视的影响因素之一。技术长足进步的作用是可以增大产出，也就是投入一样的生产要素可以获得更大的产出。因此，即便资金等要素的投入已经有了很大的促进作用，但技术进步的影响是无可比拟的。据著名的经济学家罗伯特·默顿·索洛（Robert Merton Solou）估算，技术进步在美国1909—1940年的经济增长中有50％的作用，1946—1956年为71％的作用。20世纪50—80年代，经济发达国家经济增长的50％~70％都要归功于技术进步。即使在技术进步贡献率较低的发展中国家和地区，技术进步的作用也尤为重要，某种程度上是要比发达国家更重要的。科学技术的落后，是发展中国家和贫困地区经济受制约的因素之一。因此，基本我们可以这样说：全世界的国家和地区都在珍惜时间，奋力追赶技术的创新，都在为这一巨大的动力而努力着。随着全球化的发展，技术进步可以让全人类享受到，通过技术贸易、技术引进或技术援助等方式，科技在全球各区域间进行互补性流动，各地区共同进步发展。

（四）区内外体育经济发展软环境的改善

软环境是相对于硬环境而言的。我们常说的硬环境是指自然条件与资源状况，交通、能源、通信等基础设施条件。软环境是提计划、管理体制、经济政策与经济秩序、法律、劳动者的素质与劳动态度、国内外政治条件等内容的社会环境。对于区域体育经济的增长与发展而言，在一定程度上，软环境的作用大于硬环境，软环境是硬环境发挥作用的基础。毫无疑问，体育管理体制就是一种软环境，其改善对于体育产业的宏观调控至关重要，在它的高效调节、干预和引导下，可以提高体育经济管理质量。同理，区域财政政策、产业政策、货币政策等软环境的优化，对体育区域经济有拉动作用。

（五）区域体育产品生产规模的形成与发展

区域体育经济的发展是一个动态调节的过程，其中包含了自然条件、资源、劳动力、资本和技术等要素的投入和分配。显而易见，这些要素在任何一个地区都不是完美的，而且缺点又不尽相同，有的相互联系，有的相互制约。自然条件资源与劳动力、资本等缺一不可，倘若少了任何一个都会影响优势的发挥，进而影响区域体育经济的增长和发展，两者必须相互配合，才会有"一加一大于二的"效果。其中，配合的合理程度决定结果的优劣。因此，要形成体育企业生产规模，就必须优化生产要素的组合，也就必须有深度、有广度地分析各区域生产要素的特点。只有国民经济不断发展，区域体育经济的增长和发展才成为可能。

第五节 我国体育产业发展趋势

我国体育产业开始发展的时间是20世纪80年代，在不断的发展进步中，如今已有相对完整的框架，大众也逐渐认可体育产业在国民经济发展中的作用。特别是最近一段时间，我国面临内需不足、启动难度大的问题，但是体育消费就表现出可喜的发展趋势，体育市场势头良好，体育产业为增大内需、扩大消费注入了全新的活力，生命力极强。时间荏苒，随着中国的发展，我国迈入经济发展新常态，立志实现中国伟大复兴的中国梦。体育产业所释放的活力，是新经济时期所关注的重点之一。

一、新常态下体育产业发展的宏观背景

新常态下的中国体育尽管在很多方面实现了突破，创造了奇迹，但是在体育与经济的融合上，到了20世纪末才开始显现。体育与经济的关系主要表现在经济发展水平从根本上决定体育发展的水平上，而体育对经济的反作用尚未直接地和充分地表现出来。新常态下中国体育的最大特征，就在于体育将成为推动我国经济持续增长的新生力量，体育产业将成为第三产业的支柱产业。

新常态下，体育产业必然会将在新的经济形态下发展，因此，我们必须对经济发展中体育产业所处的战略地位有深刻清晰的认识，这是基础和必备的条件。那么接下来，我国的新的经济发展形态会有怎样的变化？相关的描述如下："信息经济""知识经济""风险经济""数字经济""网络经济"等，这些都包含在"新经济"的范围内。"新经济"已经在部分领域显现态势，接下来中国经济发展的任务，就是要实现整体进入"新经济"的目标。"新经济"区别于传统的特点，我们可以概括为如下几点。

（1）与传统经济的市场相比，新经济的市场更灵活，是动态的，并且市场变化迅速。

（2）新经济的竞争范围更广、更大，从国内扩展到全世界，竞争者会更多。

（3）传统的经济生产组织形式是层次结构，新的经济生产组织形式是网络结构。

（4）新的经济生产组织特征是柔性生产，而传统的经济生产组织的特点是大规模。

（5）在新经济中，经济增长的主要动力由资本和劳动力向创新和知识转变。

（6）经济增长的关键技术也有所改变，由传统的机械化转变为数字化。

（7）新经济的竞争优势是指创新、质量、市场反应速度和成本的降低，这与传统经济实现规模经济降低成本是不同的。

（8）新经济中，公司"互相争斗"的状况会有所减低，因为企业想要发展，不可避免地要选择与其他企业联合"作战"。

（9）政府和企业的角色有所转变，从单一的政府管制变为政府必须为企业的发展制造机遇。

（10）政府调节经济的手段也会由指令控制转为市场手段，政府在新经济阶段也需要制度创新、政策创新，包括教育、科研、交易等方面。同时，也要加快政府工作的效率。

毋庸置疑，在新常态下，中国经济将朝着新经济的方向前进。虽然这是一个循序渐进的过程，是一个由量向质转变的过程，但中国经济必须要整体迈入新常态。新常态下的体育产业发展战略必须适应新经济的到来。或者，新常态下体育产业发展的理念、目标、要点和对策，都必须抓住传统经济向新经济转型的特点、经济的需求。

二、新常态下体育产业发展面临的社会经济环境

1. 人口、劳动力增长及老龄化

人口众多一直是我国很重要的一个国情。到1998年底，中国人口已达12.48亿，此时已经占世界总人口的五分之一。据专家对未来几十年中国人口状况的估计，中国的人口增长率将呈现下降趋势，但因为人口基数巨大，中国的人口将会大量增加。据预测，20世纪30年代中国的人口增长率为零，随后出现缓慢的负增长，到了2038年，这个数字将达到15.85亿。人口的增长必然伴随着劳动力的增长：2020年达到7.68亿，2030年将达到7.73亿，2040年达到7.66亿。据测算，从2000年到2010年，劳动年龄人口年均增长率超过1%，而从2010年到2015年，劳动年龄人口年均增长率低于0.5%。中国劳动力的增长逐渐放缓。人口的增长，特别是劳动年龄人口的增长，正在告诫我们要创造尽可能多的就业机会来应对，这也是体育产业发展必须重点考虑的趋势。

按照中国的人口结构，中国人口的增长也将伴随着人口老龄化。据预测，到2020年，中国老人（60岁和60岁以上的）将占总人口的16%左右，到

2030年，中国将面临一个已经发展成熟的经济体所遇到的问题，即人口老龄化所带来的一系列的社会和经济问题。老龄化对中国社会是一个挑战，对新常态下体育产业发展来说却是一个机遇。因为老年人是体育市场拓展的一个重要方面，老年人产业在体育产业中占有重要位置，所以，与20世纪体育产业发展战略不同的是，老龄化及由此给体育产业发展带来的机遇，是新常态下体育产业发展战略必须高度重视的问题。

2. 经济全球化

经济全球化主要包括三个方面：第一，贸易的全球化，逐步整合的国内市场与国际市场，越来越模糊的市场边界，自由流动的所有类型的产品和服务在全球统一市场；第二，要素流动的自由化，资本、劳动力和技术部署在全球范围内获得最大的收益；第三，金融全球化、国际资本在全球范围内快速流动，高度一体化的资本市场规模足以实施和有效实施国家宏观经济政策。

在全球化时代，经济运行将突出以下这些特点。首先，技术进步已经成为决定竞争优势的关键因素之一。其次，大型企业之间频繁的兼并重组，在这个过程中，要维护和增强企业的核心竞争力。在制造业，将会有一个重组的"层次结构"和"合理规模"，一些原来公司内部的分工将扩展到公司外部，制造企业也将遭受严重的限制。再次，跨国公司会在生产全球化中扮演主要角色。最后，发达国家开始出现"非工业化"现象。中国现在是世界上最大的发展中国家，受到经济全球化影响已是必然。面对经济全球化的趋势，中国面临的选择是主动干预还是被动参与？显而易见，中国选择了一种积极干预的策略。

此外，在这种趋势之下，中国在世界贸易交往中的利益将会减少。另外，随着产业结构和产品结构的升级，中国在国际市场上的竞争对手也将从不发达国家转变为发达国家，对手越来越强。为了应对经济全球化的挑战，我们在制订体育产业计划时，必须考虑解决以下几个方面。

（1）减少体育贸易自由化对国内体育市场的冲击。

（2）在要素流动自由化的情况下，保护体育产业这一新兴产业的发展。

（3）在全球化背景下提高我国体育企业的国际竞争力。

3. 经济增长

一个世纪以来，预测新常态下的经济增长不仅困难，而且准确性也无法保证。目前，国内一些研究机构关注的新常态下的经济增长预测期，主要是在21世纪中期。根据国务院发展研究中心的报告，中国经济从2000年到2020年的平均潜在增长率可以达到7.3%左右。按不变价格计算，2000年国内生产总值将比2000年翻两番。按汇率计算，中国的人均国内生产总值将达到5000美元，相当于1997年世界人均国内生产总值的平均水平，仅次于美国。经济增长与体育产业发展是双向拉动关系，但前者是基础、先决条件；体育产业的发展可以反过来促进经济增长，但前提是体育产业本身需要经济发展推动，没有经济增长就不会有体育产业的繁荣。在21世纪前20年经济增长的总趋势下，我国体育产业的发展有着夯实的基础。

4. 产业结构

自现在起到21世纪中叶，根据历史经验及相关理论可以预见，我国将进入全面社会主义现代化的关键时期。在产业结构方面，必然会出现一定的调整。首先，第一产业的比重会逐渐减少。其次，第二产业的占比会有较快的增长，但是仅限一定时期内，之后增长势头会逐渐减弱。最后，巨大的快速增长将出现在第三产业。这种势态为体育产业的发展提供了优良的空间：第一，体育产业从属于第三产业，体育产业可以做到凭风而起，快速发展；第二，随着产业结构的优化，劳动力会被资本所替代，这时候就业问题就会前所未有地浮现出来，而体育产业在解决就业问题上有十分重要的作用，所以发展体育产业在某种程度上是我国发展经济的必然选择。体育产业得到政府的支持，并不意外。

5. 城市化

我国现在有一个比较突出的矛盾，那就是工业化的进程快于城市化。据调查显示，当今世界上高收入国家城市化水平在80%以上，中上收入国家在60%左右，中下收入国家在55%左右，低收入国家平均也在35%。我国的城市化水平现如今还是很低，即使是在43个低收入国家行列，中国的城市化水平也处在中下游。这种状况的弊端是，很大程度地制约了消费结构和产业结构的升级转型。从经济传导机制的角度看，城市经济的快速发展和农村人口城市化具有作用与反作用的关系。城市经济发展推动城市化，城市化也会反过来催化城市产业结构的升级转型，带动建筑、电力等产业的发展，并将促进家电等行业的快速发展10~20年。因此，我国经济要发展，就必须加快城市化。

在我国城市化进程新常态下，体育产业发展，尤其是体育消费、体育市场方面，城市文化有着不可替代的作用，而体育产业正在做的就是这种文化。没有城市居民在总人口中的比例提高和城市化带来的人口聚集效应的增加，体育市场展览和体育消费就不可能磅礴发展起来。因此，计划新常态下体育产业的发展，需要清晰全面地考虑城市化加速推动体育产业发展的动力和帮助。

三、新常态下我国体育产业发展的总体思路

建立中国体育产业在新常态下的总体战略，我们必须要深度地掌握国际环境变化。同时，国内经济发展的阶段特征、国民经济的新增长点、人民日益增长的体育需求都是我们需要深度把握的点。从整体来看，对于我国体育产业的发展，机遇有，挑战也有。首先，体育产业和经济结构，两者都面临着结构调整升级问题，问题解决的难度会增加。其次，经济调整将包括体育产业，体育产业自身结构的重大调整也带来了发展的机遇。

为了保证体育产业的发展的良好趋势，为了给体育产业的未来发展铺路，我们对矛盾需要有正确的判断，我们需要利用条件，扬长避短地解决问题，从而最终能够良好地释放体育产业和市场的活力。新常态下，我国体育产业发展的总体思路可以表述为：以提高体育产业整体的质量和效益、增强国际竞争力为中心，以培育国民经济新增长点、尽快成长为第三产业中的支柱产业为目标，以产业结构和产品结构优化升级为主线，依靠深化体育体制改革和科技进步，把拓展国内体育消费需求与开拓国际体育市场有机结合起来，走规模、结构、质量和效益协调发展的创新之路。具体地说，要做到以下几个结合。

1.坚持总量扩张与质量提高并重

在新常态下，我国体育产业还算不上强大，只是处于发展的初期阶段。

大众对体育商业化了解得不够多，但是在逐渐上升。这代表了体育产业的增长潜力巨大，需求带动的水平扩张或规模扩张也将是新常态下我国体育产业发展的基本特征。与此同时，在体育产业发展的初级阶段，快速的规模扩张是产业发展的首要需求。由于行业规模太小，规模和质量都不会成为中心问题，因此，在新常态下，有必要加大力度启动体育消费需求和投资需求，我们将努力实现体育产业模式的快速扩大。然而，与体育产业的规模不断扩大伴随的，是产业结构和质量的问题逐渐出现。在经济全球化的背景下，体育产业的后来者将面临的是国家体育产业尚未形成一定规模，在这种情况下，其面临着日益激烈的国际竞争。如何提高我国体育产业核心部分的国际竞争力，已成为产业发展初期需要解决的现实问题。因此，在新常态下，我国体育产业的发展必须在量和质上同步提高。既不能只追求质量而忽略产业规模扩张，因为这样不能满足人们日益增长的体育需求；也不能只扩大体育产业的规模而忽视质量，因为这样不能从根本上增强体育产业的国际竞争力。

2. 坚持改革与发展相统一

新常态下体育产业发展的根本动力，就是深入改革，尤其是运动项目管理体制改革。同时，为体育产业的发展制造良好的客观环境，需要我们加快内外开放的速度。政府应力求创新管理体制，完善经济、法律和行政方面的制度，切实从以办为主向以管为主转变，指导相关体育企业的生产活动；要定期收集国内外相关资料，如其他企业的发展现状、前景、问题，以此来为本地企业进行指导和服务，促进这些企业优化产业结构，并且为区域间体育产业发展的平衡创造好的条件，这是大有裨益的。除上述指导作用之外，要给企业创造良好的法律环境，依法保护各类体育无形资产的所有权，制定公平竞争的体育市场规则，把体育生产经营活动纳入法制化轨道。除此之外，改革也要懂得找准时机，学会精准区分短期问题和长期问题，不同长度的时期，改革的政策也不会相同。另外，短期问题的及时解决，是在为长期问题的解决铺路。既然是短期问题的解决对策，也要注意不要将这个决策长期化；长期问题的解决要有战略、全局的眼光，从改革体制和理顺机制入手，离不开巧思妙计，一步步争取进步，使得改革与发展在效能上同步。

3. 坚持组建大型体育企业与发展中小型体育企业相结合

上文中已经提到，随着经济全球化，体育产业想发展，就必须考虑国际竞争力，换句话说，我们应该力求体育产业国际竞争力的提高。既然如此，顺应时代的发展趋势，传统产业的单一敌对关系已经不足以解释"竞争"，那么我们必须寻求合作与共同发展。因此，相关部门要制定相关政策来激发企业的重组和企业的兼并，"造大船下海"，这样才能与国外企业竞争，进一步与现在势头很猛的"跨国公司"竞争。从某种程度上来说，体育产业的国际竞争力，要求我们要有国际知名体育企业，要有打得出去的一流企业形象和一流品牌。因此，我们在这种环境和要求下，必然要选择组建大型体育企业的方式。但这并不代表我们不重视中小型体育企业的发展，相反我们也是高度重视的。原因有二：第一，我国体育产业处于过渡阶段，从起步到成熟还有一段路要走，并且要做到规模和质量同步提高，在这一点上离不开中小型企业；第二，体育产业有其特殊性，即具有文化特质，在全社会中布局体育产业，就离不开中小型体育企业的支持。因此，新常态下，中国体育产业发展战略是大型体育企业和中小型体育企业结合发展的，缺一不可，都需要重视。政策制定者要对此有清晰的认识。

4. 坚持启动国内体育消费需求与拓展国际体育市场的统一

促进国内消费，是我国经济发展的要点，更是体育产业发展的要点。刺激国内体育消费，是一个长期的目标，不是短期性的问题，一朝一夕之间难以完成。中国人口众多，消费人口巨大，体育市场具有十分庞大的空间，因此，政策制定者应把启动国内体育消费需求作为主要工作。这项工作的落实程度，会影响体育产业规模扩大，只有体育产业规模足够大，体育产业的地位才会在国民经济中提升。除此之外，体育产业的国际化，必须在启动国内消费的同时重视开拓国际市场。理由很简单，不重视就意味着失去，更严重的是，会促进别国体育企业发展，即国内体育产业的发展，为刺激国内消费提出的政策，会为国外的体育企业铺路，为其提供有利的条件。因此，我们不可以只重视启动国内体育消费需求，而不去开拓国际市场，两者应该是统一的、并行的。政府在制定政策时应该是精准的、有针对性的，使我国体育产业的优势得以发挥；应该扶持建立明星企业，并帮助这批企业进驻国际市场，在国际市场中拥有自己的一席之地，并且不断扩大。

5. 坚持体育用品业和体育服务业的协调发展

体育用品业和体育服务业是体育产业中十分重要的组成部分。我们要发展体育产业，在某种程度上来说，就是要启动消费，刺激人民群众进行能力范围内的体育消费，而这些消费用来购买的就是实际用品和服务。据估计，随着新常态下我国经济的不断发展，体育产业越过起步阶段的用时不会太久，所以无论是考虑扩张总量，还是考虑怎样去优化产业结构，都要去探究和把握体育用品业和体育服务业的关系。原因有以下两点：第一，我国体育用品业和体育服务业自身的规模都不大，它们在自己的领域内都有进步的空间，发展的潜力巨大；第二，体育用品业和体育服务业之间存在着高度的关联效应，二者互为发展的基础，相辅相成，难以分开。体育服务业如果没有迅速发展，体育用品业也不会有大规模的勃发；反过来亦是如此，体育用品业没有迅猛发展，体育服务业想发展也会有一定的阻力。因此新常态下，体育产业的发展需要我们协调好发展体育用品业与发展体育服务业的关系。

四、新常态下我国体育产业发展目标

从我国体育产业所处的国际位置，结合体育发展可能面对的问题和面临的趋势来看，新常态下我国体育产业发展的总目标可以考虑为：建立和完善与社会主义市场经济相适应的，政府调控市场、市场引导企业的体育产业管理体制和运行机制，使体育产业增加值每年快速增长，力争到2020年体育产业年产值达到GDP的4%左右，使体育产业初步成为国民经济的新增长点，为带动新常态下我国经济持续增长提供重要的"原动力"。具体解释如下。

1. 通过资产重组和结构调整，优化体育产业的资本结构

在新常态下，要根据国有体育企业和事业单位的产权关系，大力引导社会投资的方向和力度，优先支持非国有体育企业的成长和发展，促成国有体育产业为主导、非国有体育产业为主体的多元化资本结构。国有体育企事业单位的各种操作机构应采取企业化的道路，建立和完善符合现代企业公司治理结构系统，并鼓励、支持、大力发展各种形式的非国有体育经济组件，包括个体、私营、合伙，各种体育生产经营公司，如股份合作社和股份制公

司，使他们能够在规范的市场环境、政策和法规下与国有体育公司进行自主竞争和发展。同时，积极吸引外资，扩大体育产业对外开放领域，逐步放宽外商对体育产业的投资。

2. 建成比较完善的体育市场体系

建立相对完善的体育市场体系，并与其他市场体系相联系，形成有效反映市场供求状况的价格和机制。大力发展体育博彩市场、体育媒体市场、体育保险市场和体育旅游市场，进一步规范和完善体育用品市场、体育健身娱乐市场、竞技表演市场和体育中介市场，形成各类体育市场的全面联动和共同发展的系统。加强对体育市场前景、市场竞争、市场监督管理的监管，建立公平、信息化、有序的体育管理制度和保障体育投资者和体育消费者权益的运行机制。同时，利用现代网络技术改造体育用品的传统流通渠道和营销体系，鼓励体育企业发展电子商务。

3. 建立以产业政策为主要调控手段的体育产业宏观管理体系

政府体育行政部门的智能需要一定程度的变化，主要负责的应是体育产业的战略规划、信息引导和政策协调，同时协调政府、财政、税务等部门，制定针对体育产业发展的相关政策。体育产业实行宏观调控，指导和协调体育产品的生产经营，确保体育产业朝着健康、稳定、协调的方向发展。要努力建立以间接管理为核心的体育产业宏观管理体制，形成适应社会主义市场经济要求、符合体育市场内在要求和体育产业发展规律的市场调节机制。

4. 形成各具特色的区域体育产业协调发展的格局

我国具有地域广阔、民族众多的特点，是当今世界最大的发展中国家。对于体育产业来讲，各区域资源的不平等性、差异性，决定了体育产业发展也会出现不均衡的发展规模和发展水平，想形成统一的体育产业发展模式更是难上加难。这种差异性决定了各个地政府在制定相关政策时要"因地制宜"，充分全面地结合该地区的资源优势，把握住优缺点，制定合理有效的政策法规，以本区域内的首位市场为中心，以点带面、分层推进，形成各具特色的区域体育产业的发展模式。例如，北京、上海、天津、重庆、沈阳、广州、西安、南京、深圳、大连等大型城市应建立国家级体育产业基地，充分利用其得天独厚的体育资源和雄厚的经济与科技实力，大力开拓体育消费的市场潜力,迅速发展体育产业,并使体育产业为本地区的国民经济发展发挥重要作用。再如,内陆和少数民族地区的省会城市也要充分把握本地区的经济发展情况,以及体育产业的资源环境,扬长避短,将可以使用的资源大力、高效开发,将本地区的体育产业做出特色,力争体育产业能在本地区经济发展中发挥十分重要的作用。

5. 实施品牌战略,提高我国体育产业国际竞争力

上文已经提到,如果想增强我国体育产业在国际上的竞争力,就必须给我国的体育企业打出知名度,打出一流的品牌。现如今,在国际体育市场上,我国相对来说具有竞争力的是体育用品业。因此,在此基础上,应该加大力度,力争打出品牌,推进品牌战略。要给出具体的、有效的扶持政策,鼓励和引导大型体育用品企业增加研发投入,积极开展技术创新、产品创新和营销手段创新的活动。争取在"十三五"末期,"李宁""康威""格威特"等体育用品企业成为在国际体育用品市场上具有影响力的一流品牌。同时,要拿出特殊的扶持政策,帮助我国的优势运动项目拓展国际市场,武术、自由搏击、中国象棋要加大走向国际的力度,乒乓球、羽毛球、女足、女垒等优势项目要学习和借鉴美国职业篮球联赛(NBA)的运作经验,以便开拓海外竞技表演市场,从而提高相应项目在国际体坛的影响力。

6. 实施人才培养战略,造就一流的体育企业家队伍

新常态下,我国体育产业的发展不仅是在国内市场,国际市场也不可忽视,具体原因上文已经陈述。在这样竞争激烈的市场中,技术上要充分利用数字化、网络化,与具有品牌和销售渠道优势的大型跨国公司展开生存竞争。竞争的胜负的因素中,在很大程度上起决定作用的,是体育企业家的数量和质量。因此,我们又回到教育这个不可忽视的问题,对于企业家来讲,更多的是培训。这就要求政府的相关行政部门拿出有效的人才培养计划,例如:体育院校应与财经类大学合作,增设相关专业或专业方向,开设体育工商管理硕士(MBA)系列课程,培养高层次的体育经营管理人才,打造出一批政治强、业务精、素质高、熟悉国际体育商贸的体育企业家人才,为新常态下我国体育产业的发展提供充足的人才支持和智力支持。

五、新常态下我国体育产业发展重点

我国属于体育产业的后发国家，体育产业现有的规模和水平，国民的收入水平及体育消费水平，都决定了新常态下我国体育产业的发展必须坚持梯度发展战略。所谓梯度发展战略，就是要选择好侧重点，政府作为的力度也要控制，有些方面可以完全不作为，其具有非常高的针对性和灵活性。我国体育产业在新常态下的发展面临着全面扩张的巨大压力，无论是扩大总量还是优化结构，都要求我们选择体育产业发展的重点。一般来说，确定优先事项的标准主要有两个方面：首先，考虑增长潜力的大小，即确定在规划期间可能有最快增长的体育产业的组成部分，并将其列为优先发展；其次，研究关联的程度，也就是说，找出体育产业中带动其他组成部分的最重要的部分。根据这两个标准，笔者认为，体育用品产业、健身娱乐产业、竞技表演产业和体育中介产业是我们应该选择的重点行业。

之所以选择体育用品产业和健身娱乐产业作为发展的重点，是因为这两个行业是现在发展潜力最大、能量最大的行业。中国加入世界贸易组织后，体育用品行业的出口前景有望惠及整个体育产业。与此同时，随着全民健身浪潮的涌现，国内市场对体育用品的需求将继续增长。在新常态下，体育用品行业极有可能保持快速增长。只要我们建设大型企业集团，推进品牌战略，加大研发投入，引导和鼓励技术创新、产品创新，创新营销方式，体育用品行业必将成为带动整个体育产业快速发展的主导力量。

根据现有相关研究的计算，新常态下的经济增长，一方面，将带来城乡居民收入的增加和消费水平的提高；另一方面，它也将加速城市化进程。前者将提高人们对健康和生活质量的关注，进而提高人们的健身和娱乐支出能力；后者将增加城市人口数量，促进城市类型的多样化（如纯粹的生活城市和纯粹的商业城市）。体育健身和娱乐消费群体的出现发挥了重要作用，这两个方面的扩张表明，健身和娱乐行业更快和更大的增长潜力比其他地区的体育产业更处在新常态下。因此，发展体育健身产业和体育娱乐产业作为新常态下的重要体育产业，可以考虑为整个体育产业快速增长的动力。

之所以选择竞赛表演业和体育中介业作为发展的重点，原因在于这两个行业的关联发展度最大。竞赛表演业是竞技体育产业化的实体形式。竞技体育是整个体育运动中最具活力和影响力的部分，这一特点必须体现在其产业化的实体形态上，即竞技表演业也是整个体育产业中最具影响力和辐射力量的部分。随着竞赛表演业的发展，一方面，会有更多的运动项目进入职业体育市场，专业体育组织（专业体育俱乐部、专业体育联赛等）所拥有的无形资产的市场价值也将得到重视和有效开发，如电视转播权、广告冠名权、俱乐部标志特许权等；另一方面，优先发展的行业也将促进相关产业的快速发展，如健身和娱乐等行业，体育中介行业、体育用品行业，体育传媒产业和体育游戏产业，甚至一般的餐饮等服务行业，酒店、交通和旅游行业的发展。这就是即便竞赛表演业产值本身要超过体育用品业和健身娱乐行业很难，短期内无法办到，但是仍要大力发展它的原因。也就是说，竞赛表演业发展关联度大，有带动和促进其他行业发展的作用，对竞赛表演业的扶持具有一定的战略意义。

体育中介业是整个体育产业的润滑油，它的繁荣依赖其他实体行业的生存与发展，它的利润哲学是"你赚钱，我赚钱，你有更多的钱，我有更多的钱"，还有"对自己主观，对他人客观"的效果。根据目前比较潮流的概念——"创造客户价值"，或创造双赢或多赢的关系，体育中介产业的率先发展不仅可以直接促进体育产业的其他部分，特别是竞赛表演业的快速发展，还起着重要的作用。比如，调节整个体育市场运作，促进整个体育产业的健康、有序发展。因此，它也应处于优先发展的地位。

六、我国体育产业发展需要重视的问题

（一）体育产业的经济效益和社会效益必须一起抓

体育产业的经济效益是指："在生产和经营体育产品、服务活动中的劳动成果与劳动消耗的比例关系，也就是投入与产出之间的比例关系。"体育产业的社会效益是指体育产品和服务的生产和消费的效用，该效用有促进物质文明和精神文明的建设，以及社会的全面进步的作用。人们对体育产品的需求不仅体现在强健的体魄上，也体现在精神层面，如培养高尚的道德情操。这便达到了体育运动产品和服务的社会效益实现的目的。因此，在体育

产业化过程中，把握好体育产品和服务的特点至关重要，要把社会效益放在首位，争取实现体育产业的社会效益和经济效益的统一。

（二）要发挥政府的宏观调控作用

政府通过制定倾斜的政策和措施，吸引社会各界参与或自主发展体育产业，为体育产业融入资金，打破行业、产业、所有权、地域界限，广泛吸收社会资金，使投资渠道的组成多元化。对于一些社会效益好、市场空间小、经济效益低的行业和项目来说，政府是其投资的主角。以市场潜力为导向的项目和行业坚持市场化、社会化的道路。此外，政府还必须制定体育产业发展的战略和计划，优化体育产业结构，克服市场资源配置过程中可能出现的弊端。与此同时，政府应该从大局出发，纵观整个体育产业的发展，全面使用法律、政策、和其他宏观调控手段，以实现体育产业发展的目标，确保体育产业持续、稳定、高效和健康发展。

（三）继承借鉴和创新相结合

我国体育产业化存在这样的问题：起步晚，水平低。与此同时，我国体育产业又有这样一个过渡现状：计划经济体制—社会主义市场经济体制。因此，我国体育产业是在"摸着石头过河"，处于探索与发现的阶段，处在这样的状况中，发展经营必定是艰难的。结合发展理论规律和基本国情，我们不仅要发扬已有的我国体育事业的成功经验，也要学会借鉴并创新国外的优秀成果，让我国体育产业发展的道路既符合自身要求与特点，又贴合社会主义市场经济体制。

（四）广泛深入开展群众性运动竞赛活动

只有竞争才能激发人们的激情，才能调动更多的人积极参与体育活动。比如，在学校范围内，学生是校园体育文化的主体，是未来社会成员的主体，需要重视并充分发挥学校体育的教育和宣传功能，他们都是体育活动的参与者和宣传者。在社会层面，可以组织群众性体育竞赛，体育管理部门、居住区、街道办事处、社区管理人员等，都要重视群众体育竞赛。只有这样，全民健身活动才能从社区扩散到街道办事处，从社区扩散到整个城市。

（五）体育场馆要由自由开放转向有组织的开放

目前的状况是，大多数体育场都对外开放。不管它们是否收费，都有许多人参加体育活动，但他们大多数是自由的锻炼者。体育组织和团体、体育协会、社区和街道办事处应当组织专人指导和发挥社会体育指导员的作用。这样，锻炼者将从自由组合转变为有组织的和有计划的组合，大众将有一个更稳定的体育项目，有一个固定的健身场所。体育产业的发展可以促进第三产业的发展，优化产业结构，增加就业机会，创造国民收入，其战略意义已在发达国家得到确认。中国经济体制的不断改革和运行机制的变革，给体育产业的发展带来了前所未有的机遇和挑战。我们必须抓住机遇，制订战略计划，以便能跟上《奥运争光计划纲要》《全民健身计划纲要》的脚步。

第三章　我国体育产业发展政策研究

第一节　西方国家体育产业发展政策分析

一、美国体育产业发展政策

（一）体育产业税收优惠

税收是维持国民经济顺利运行的重要保障，也是国家财政收入中主要的来源之一。美国的税收也不是一成不变的，其在GDP中所占比率也会受到很多影响，主要有：经济环境的变化、产业政策的调整、政权的交替、立法的修正等。1960年以来，在美国的GDP中税收所占比重的均值为18.2%，其中，2000年税收占20.8%，相较其他年份的均值高出2.6个百分点。受经济泡沫及政策的影响，在四年后的2004年，该值降为16.5%，为历史最低。

美国税务的种类名目繁多，税收体制十分复杂，而不同的纳税者，所交的税率也会不同。相比其他行业，美国对体育产业的税收政策是较为优惠的。尤其是20世纪50年代美国下批国际奥委会宪章，允许国际奥委会组织作为一个非营利性组织且免除所有税收。进入20世纪60年代，随着美国体育产业的快速发展，为鼓励投资人对体育产业的投资，美国政府在税收方面提供了很多的优惠政策。但在20世纪70年代以后，美国政府的税收政策受到了多方面因素的影响，从而进行了较大的变革，税法也重新修订，体育产业的一些有关条例或管理办法也被修改，尤其是投资者购买俱乐部时免税优惠政策的取消。

（二）财政支持

政府通过财政公共预算、支出，进而为体育产业提供支持，即财政支持。在美国，其财政支持在体育产业上主要体现在建设体育场馆方面。1929年至1933年的经济危机，对美国的经济也造成了不小的冲击。为增进经济发展，根据约翰·梅纳德·凯恩斯（John Maynard Keynes，以下简称"凯恩斯"）的经济理论，美国政府实施了罗斯福新政，即为增进社会需求进行大规模公共服务投入，而建设体育场馆和设施正是这项计划中一项很重要的内容。1935年至1941年，美国先后投入15亿美元作为建设社区及体育场馆和设施的配备资金。从1965年开始，几乎每年美国政府都要拨款7~8万美元用于对大众的体育场馆的建设，以及服务设施的购买。同年，《联邦规划休闲法》开始实施，水上休闲运动服务的水上休闲项目得到快速开发。至20世纪90年代，美国公共支出占总资金的80%之多，仍用于建设、修缮体育场馆和设施。例如，全美范围的49个职业棒球、橄榄球场所中，资金的近90%，即44个场地是公共资金支持建设和维护的。由此可见，美国的大部分公共体育设施和场馆都是依靠公共资金建立起来的。

（三）公私合作

20世纪70年代末，美国开始盛行私有化，人们已越来越不情愿为政府日趋上涨的公共服务支出来缴税，因此美国体育产业的发展模式开始改革，公私合作模式开始在美国盛行。1984年第23届洛杉矶奥运会应该是公私合作模式的典范，不论是奥运会场所中基础设施的建设，还是奥运会的运营管理，都可以展现出民间团体、私企与政府间的有效合作。而修建丹佛百事中心的进程中则展现了另一种公私合作的形式。美国冰球联盟的火山队与NBA联盟的掘金队对百事中心进行了共同的租赁，而这是爱胜娱乐公司（Ascent Entertainment）投入1.5亿美元修建完成的。而百事中心体育场在交付使用仅一年后，其为各种比赛和表演提供服务的收入就足以抵销为建设而投入的全部资金了。在该体育场馆和基础设施建成后的经营管理运作上，公私合作的形式体现得更加明显，并通过SMG公司和全球谱（Global-Spectrum）公司，与其他公共的或私人的体育设施所有者进行了不同形式的、不同程度的合作，同时提供管理方面的专业建议和意见给全球的很多运动场地。对于体育产业的发展来说，政府与私营企业或单位合作具有两个方面的重大意义：一是资金来源方面，公私合作这种模式可以拓展体育场馆建设的资金来源，从而有效降低政府的财政风险；二是体育场馆和设施的管理上，公私合作、互相监督、相互促进，使得场馆管理和设施的维护工作更加高效和专业。

二、德国体育产业发展政策

在体育产业发展方面，德国政府在政策上有一系列的优惠措施以支撑体育事业的快速发展。

（一）非营利性体育组织的税收政策

德国政府对于体育俱乐部和体育协会中的非营利性组织的优惠政策，首先表现在免除捐赠者的个人所得税，也就是说，德国大部分的体育俱乐部都不需要缴纳税务。不但如此，这些组织从政府租用体育场地还可以享有低价，甚至免费的优惠。

政府还积极支持鼓励体育俱乐部开展形式灵活、多种多样的志愿活动。政府不仅免除俱乐部的税务，还会承担俱乐部预算20％的费用。除此之外，俱乐部还可以不用付任何费用来使用公共体育场地。政府对这些体育俱乐部的支持最主要的还是以其是非营利性质为前提的。

（二）体育博彩类政策

据相关法律规定，德国的体育博彩收益的分配为：四分之一返还彩票购买者，四分之一供给其他有需要的社会组织或机构，而其余二分之一则全部归各类体育组织支配使用。社会体育组织通过彩票获得大量的资金，使社会体育组织有足够的资金支持，能够保障社会体育组织的正常发展。社会体育组织在发展壮大的同时，不断推动德国国内民众参与体育的热情和积极性，促进了德国体育的发展，同时也带动了民众对体育产业的消费，促进了体育产业的发展。德国的体育产业占GDP的比重超过2％，与德国体育组织的推动是密不可分的。

三、英国体育产业发展政策

英国也有很多支持鼓励体育产业发展的优惠政策。例如，对于体育非营利组织，政府有一些减免税收的政策，并且积极鼓励单位或个人对体育事业的发展进行赞助。而拥有"慈善"身份的组织还会在更多方面享受税收减少或免除的优惠政策。但是有关"慈善"身份的认定，英国政府有较为严格的规定，尤其是一些以单一项目为主并只为固定对象服务的体育俱乐部，政府认为这些组织与"慈善机构"的规定相抵触。但是这一现象到1958年就有了很好的改善，这一年英国政府通过了《娱乐慈善法》，根据此法案，这类体育团体只需将活动范围拓宽扩大，并且能够向社会群众开放其场所、设施等，就可以申请获得"慈善"身份。由此，原来只为特定对象服务的体育组织都积极表示可以向大众开放其场馆和设施，并且提供适合残障人、年轻人和低收入人群进行体育锻炼的各种设施，可以有效改善这类人群的生活水平、生产方式和健康状况。也正是由于这些原因，许多体育组织都因此获得了"慈善"身份，并且达到了减少税收的目的。这看似是社会体育组织得到了优惠，实际是政府通过这种方式减少了为大众体育提供服务的投入。

四、意大利的体育产业发展政策

（一）大型体育活动由政府提供经济支持

意大利政府在有些规模较大的体育赛事产业中投入的赞助较多，尤其是与政府或与宗教有关的体育活动、大型综合体育赛事等，包括举行过的奥运会、世界杯足球比赛和世界田径锦标赛等。其政府除了在这些项目的比赛活动中提供资金补助，还会投入大量资金在城市的基础设施建设方面。意大利政府认为，从经济学理论视角，政府为大规模的体育计划买单的行为，实际上是凯恩斯宏观经济理论的成功践行。

（二）体育信贷所

体育信贷所是具有意大利特色的公共专业银行，其业务就是专门为体育场馆和设施的建设提供资助，进行体育产业投资。这一机构根据1957年12月意大利国会颁布的法令，自成立以来，其主要业务就是对有一定范围限制的服务对象投放抵押贷款，即全国单项体育协会、公共团体、体育俱乐部、体育促进团体及各级地方政府，并且对贷款用途进行了限制，即用于建造、扩建体育场馆和购买体育设施、体育活动需要的建筑物及土地。该信贷有很多种不同体现形式的功能，其中最重要最主要的功能是贷款和发行债券这两种，但其也提供给一些被国家认可的"非直接营利性的"且"以休闲娱乐等和健身为目的"的组织。据有关统计，自1957年体育信贷所成立，已提供多达27亿美元的低息贷款给各类体育组织，使其修建和建设体育场地设施多达

1.2万个。

五、俄罗斯的体育发展政策

（一）实施税收鼓励政策

俄罗斯政府实行总统令对生产体育用品、器材等企业实行减免税收政策，对俄罗斯运动员所代言的产品和获奖收入采取减免税收政策；运用一系列税收政策对体育产业，尤其是体育无形资产进行开发、利用、调整，使之有效结合起来。

（二）优先支持竞技体育产业发展的政策

俄罗斯政府为冰雪运动项目等具有竞争优势的竞技项目提供足够的资金援助；设立为体育运动发展提供专门贷款的机构，对参加国际比赛、欧洲地区锦标赛、奥运会的运动员或组织提供足够的资金支持并制定出获得奖金、薪酬的相关条例。

（三）加强体育场馆设施建设

在加强体育场馆建设上，2006年俄罗斯政府提出的《俄罗斯联帮2006—2015年体育运动发展计划纲要》（以下简称《十年规划》）的指导思想、新举措、新特点等内容上就有了很明显的体现。该文件中确定了财政优先支持的四个方面：一是发展社区体育，建设1000个体育中心以满足所有阶层居民参与体育的需求；二是组织体育运动宣传工作，展示体育的健康和生活方式；三是大力发展学校体育运动项目，经过缜密安排，建成733个室内游泳场所、733个运动场，以及1467个多功能大厅；四是发展和修缮高水平竞技体育基地，建成现代化联邦体育训练场所7个，培养现代化奥林匹克后备力量学校的体育基地，完善20多个现代化单项项目训练中心，建设反兴奋剂中心。

（四）重视发展中小型体育企业

俄罗斯联邦体育旅游部于2010年出台的《体育与旅游中小企业发展纲要》，其主要内容是将用地分配、使用进行简化，健全体育、旅游的中小企业法规政策；在不同程度上提升任职教师职业水平并对其资格进行认证，保障体育、旅游的中小企业快速、平稳发展；建设长期承租公司以实现体育、旅游设施的国家购置；制定统计手段，健全体育、旅游的中小企业服务监督评价制度。

六、西方国家体育产业政策经验对我国的启示

（一）以多元化投融资政策助力体育产业发展

大多数国家的体育产业都要服务于自己国家的体育发展战略方针。然而与外国相比，我国的体育产业市场发展还不够完整，还是一个初级的新兴市场。当前体育产业处于"畸形"发展状态，我国现阶段体育产业的发展主要依靠制造业，核心产业服务业还处于初步发展阶段。体育核心产业的发展需要大量的资金投入，这就需要相对较高的准入门槛。现阶段，很多发达国家的多渠道资金来源已经日趋完善，很多国家都出台了相关的优惠政策来促进体育产业快速发展，鼓励、辅助社会力量参与体育发展，这在很大程度上降低了政府的负担。我国体育产业的发展，目前以民间投资为主，政府及其他渠道资金投入较少。因此，我国需要完善多渠道投资渠道，借鉴国外发展经验，建立多元化投资体系，推动我国体育产业发展。

（二）政府对体育产业和体育产业政策高度重视

在国外，大部分国家对于体育产业的发展还是比较重视的。例如，"尽一切可能发展体育"，这是俄罗斯确定的国家的首要任务，充分体现出了其对体育的重视和关注度，这不仅和领导人自身观念有关系，同时也和国家发展战略有关。德国在完成统一后，实施的"东部黄金周计划"也是一项政府推动体育和体育产业发展的政策。从世界范围来看，美国是建立体育产业政策最为完善的国家，美国的体育产业占GDP的3%以上，这与政府对体育产业的发展和实施优惠的政策鼓励与支持是分不开的，特别是美国为了推动体育产业的发展，在财政和税收方面都建立了完善的政策和法律体系，这对美国体育产业的发展具有重要的意义。以上国家的相关理念，对于我国的体育产业发展来说是非常好的借鉴。

然而，每个国家的实际情况都不尽相同，所处的经济、政治和社会发展水平迥异，在体育产业的发展上都有不同的侧重点，在制定体育产业政策上也有不同的侧重点。我们在制定体育产业政策时，必须结合我国发展的实际情况，在立足国情的基础上借鉴和吸收国外的发展经验，才能取得良好的效

果。美国、俄罗斯、德国在促进本国体育产业进程中所出台的多种政策都有各自的优点，尤其是一些国家已经形成了较为完备的体育产业体系，这也是最值得我们借鉴和思考的地方。《意见》是我国政府结合当前我国体育产业发展现状，对未来我国体育产业发展体育的科学指导政策。这是我国首次将体育产业的发展上升为国家层面，标志着我国在不断完善本国体育产业的发展政策体系。

（三）以税收政策为调控，促进体育产业的有序发展

税收之所以能作为调控手段，是因为当税收减少时，投资人相对对手获得更多的实际收益。当然，降低税收可以吸引更多的投资，从而推动体育产业的发展，投资者的所得利益也会增加。总之，政府通过税收政策不但能推动体育产业的发展，还能进一步对体育经济的发展进行调控。

在对于体育产业的税收政策调控方面，国外一些有效政策是值得我们借鉴的。例如，在促进体育产业发展的基础上，国外政府实施税收的减免，特别是在促进体育发展，增加民众参与体育的积极性等方面，政府实施减税或者免税的政策。而在体育产业方面，对于在体育产业发展时，企业在经济不景气，面临税收压力过大时，国外政府利用减免税收的方法，帮助企业减轻负担，使企业顺利渡过难关。

除降低对于体育运营者和组织者的税收额外，国家还可以建立基金会等组织在资金、设备、技术等方面为社会体育组织的活动提供支持，尤其是非营利性体育组织、草根体育组织等，为其提供支持可以从根本上繁荣体育经济、促进开展体育活动，也提高了体育经济在经济发展中的分量。

（四）推进体育产业人才队伍建设

在体育产业人才队伍建设方面，一些体育产业发达的国家的做法是多方面进行支持，如设立专项资金投入、设置专业的研究机构、实行校企合作、加大宣传力度，以及将体育产业知识纳入学校教育等。

但是，我国现阶段体育产业相关的人才还是相当匮乏的。以前那种只对体育了解的人已经很难适应当前体育产业发展的需要。特别是当前体育产业作为一项复合型产业，对人才的要求比较高，需要的是既要知道体育产业及其发展规律，又要知道如何利用当前社会发展的变化推动体育产业发展的复

合型人才。

虽然现阶段我国也有一些对体育产业有相当研究的人才，然而这些人也只是纯粹的研究者，他们对体育产业的实际运营了解较少。这导致我国缺乏既有体育产业理论知识又会经营管理的人才，而这样的人才的缺乏，对体育产业的发展来说无疑是很大的限制。因此，我国必须高度重视人才的培养，注重培养综合素质高的复合型人才，形成以科技和人才为动力的经济发展模式。对于体育产业的发展也是如此，发展体育产业就是要培育和输送体育产业的优秀人才，加强体育产业人才队伍培养。

（五）不断完善促进体育产业发展的法律法规

在体育产业政策建设方面，我国相对一些体育产业发达国家还比较落后，因此就更需要完善体育产业相关的法律法规。在较为完善的体育法律法规的保障下，体育组织的切身利益才能得到保护，当出现违法、违规的情况时做到有法依、有法必依、违法必究原则。只有不断促进体育产业相关法律法规的完善，才能使得体育产业的发展得到不断进步。在发展体育产业的同时，加强法律法规政策的建设是十分必要的，它可以规范、引导体育产业健康有序地发展，这才是体育产业发展的正确途径。

一些体育产业发达的国家已经建立起一整套科学的、系统的体育产业政策体系。我国也应不断总结经验，吸收一线体育产业从业者的智慧，制定出系统的、基于我国国情的、顺应我国社会实际情况的、经济的、可持续发展的体育产业政策，从而为我国体育产业的不断壮大及突破性跨越提供保障。

目前，我国已经颁布《体育法》，法律的建立对促进我国体育产业的发展具有重要的意义。但是，《体育法》作为整个体育领域的宏观法律，缺乏对体育产业领域的微观指导。因此，我国可以仿效西方国家，针对体育产业制定和颁布《体育产业促进法》，以保障和促进我国体育产业的发展。

第二节　当前我国体育产业发展政策分析

自中华人民共和国成立以来，我国政府就十分重视和关注体育事业的发展，这主要体现在体育发展策略、体育经费支出等方面。当然，在政府的高度重视与支持之下，我国体育事业发展也取得了不错的成就。与之形成鲜明对比的是，体育产业的发展经历了较多的曲折，一直在曲折中前进，改革开放后，体育产业才迎来发展的"春天"。

一、我国现行体育产业发展政策的基本状况

自1978年我国实行改革开放政策，我国自中央到地方各级政府都制定并实行了多项体育产业发展的相关政策，其中包含体育产业的发展战略、管理机制方面上的政策，以及体育产业的扶持、组织、结构等方面的政策。这些政策全方位地、产品化地作用于体育产业的发展，产生了非常有效的作用。毋庸置疑，我国体育产业政策是在不断深入认识的过程中演进发展的，这些政策的实施也在一定程度上体现了体育产业发展与社会经济水平的关联。

改革开放后，体育社会化发展、允许体育事业单位从事经营活动等都成为国家体委（现国家体育总局）研讨的问题，体育产业发展中的特定领域也开始采用市场机制来经营管理，直至《关于体育体制改革的决定（草案）》[1986年由国家体委（现国家体育总局）颁布实施]这一文件的出台标志着我国体育产业的政策发展的开端。这一文件可以说是我国体育体制改革的纲领性文件，该文件明确提出了体育场馆和设施等具有体育公共性质的设施要"实行多种、多元化经营，由行政型向经营型转变"。我们可以毫不夸张地说，这一文件的颁布和实施标志着我国体育事业从此进入了产业化、社会化和市场化发展的初步阶段。2000年12月，国家体委（现国家体育总局）组织制定了《2001—2010年体育改革与发展纲要》，国家体育总局颁布《体育产业发展纲要》《体育事业"十一五"规划》，2010年3月国务院等机构下发了《国务院办公厅关于加快发展体育产业的指导意见》等。特别是2014年10

月国务院发布的《关于加快发展体育产业促进体育消费的若干意见》，首次将体育产业发展上升为国家层面，体现出党和政府对发展体育产业的重视与支持，国家体育总局在此基础上出台了很多促进体育产业发展的政策和措施。这些文件和政策的出台，标志国家对促进体育产业发展的政策在不断完善，不断鼓励和推动体育产业的发展。

二、我国现行体育产业发展政策的制定情况分析

从数量上来看，自1992年至今，我国政府从中央至地方出台的体育产业发展的相关政策文件就有160份之余，其中国家性质的文件有20份之余，而地方性的政策文件有130余份。如果把体育产业政策分为结构性政策、组织性政策、布局性政策、技术性政策四类，那么这些政策性文件的数量分别为100份、30份、20份、10份。

（一）我国体育产业结构政策现阶段的状况

我国现阶段的体育产业结构政策可以分为经营管理办法类、市场管理条例类、工作意见和规划类、竞赛管理条例类、彩票管理类、其他类六类政策文件，各类体育政策文件的数量分别为30份、23份、23份、8份、7份、10份。其中，其他类政策文件主要包含社会捐赠、全民健身、体育基金管理、培训等方面。

通过以上数据我们可以看出，我国政府在体育产业的结构上正在不断优化，对于体育产业的核心——竞赛表演业和体育服务业，我国政府正在不断出台更多的政策予以完善，显示出国家在体育产业的发展过程中不断进行宏观调控，促进体育产业在结构上的优化。例如，中共中央、国务院办公厅于2002年7月下发的《中共中央国务院关于进一步加强和改进新时期体育工作的意见》中就有具体的表述，其主要内容包含五大点：一是充分认识体育在文化、教育、社会经济、社会发展中的重要地位及意义；二是对当前体育事业发展提出了明确、具体的指导思想、工作形式和整体要求；三是大力推进全民健身计划，刺激体育服务体系多元化、多方位、协同的发展；四是全方位制定、实施竞技体育发展战略，提高我国竞技运动水平；五是加深体育体制变革，推动运行机制稳中向好的交替等。然而，现阶段我国体育产业结构

方面的政策中，有关培训、场馆和设施服务、广告营销、体育金融保险，以及体育用品及衍生品生产等方面的政策文件相对较少。这一情形说明我国体育产业结构性政策还不全面、不完善，在体育产业部门间的协调发展层次还没有表现出应有的效果。此外，我国体育产业结构政策表现在地区和民族特色之间存在冲突、不和谐、不协调等问题。如有关的体育运作管理活动，以《河南省体育经营活动管理规定》为例，其内容共26条规定，包含了体育项目管理者应当遵循相关的管理规定、条例、守则和体育活动的经营范畴，从事体育经营活动应当具备的资质，审批，违反法律、法规及规定的处罚方式等内容。这类政策只是对体育经营活动起到了一定的规范作用，没有将地区和民族特色的体育产业政策有效结合起来。

（二）我国体育产业组织政策现阶段的状况

现阶段，我国体育产业组织政策可以分为三类，即经营性单项管理办法类、经营性体育场所管理办法类、体育经纪人管理办法类，政策文件数量依次为24份、5份、7份。其中，第一类主要包括保龄球、足球、网球、健美操、武术、游泳、登山、赛马、滑雪等。

由以上可知，我国下发的体育产业组织政策是比较关注制定经营性项目的准入政策，以《上海市营业性保龄球管理办法》为例，其主要部分包含：目的的生成、适用的范畴、主管和协管部门、发展的原则、申请条件、提交材料、开业和变更申请审批程序、经营与活动者的义务、处罚等方面。由此可见，这一办法对市场规则进行了比较系统的规定，进而提升了市场效果。我国现阶段的体育产业组织政策在规范市场行为方面也进行了相应的规定，如《浙江省体育经纪人管理办法（试行）》，其主要部分包含相关的法律法规条例、从业资格、运作资格、经纪行为、法律责任等多层面的内容，对体育经纪行为的规范化起到了积极的推动效果，但没有提出有关涉及反垄断等层面的政策。

（三）我国体育产业布局政策现阶段的状况

现阶段，我国体育产业布局政策的管理条例可以划分为体育设施、体育场地、发展地区优势项目三类，其政策数量分别为11份、8份、4份。

由上可见，我国体育产业布局的相关政策主要是专门针对体育场地和设施管理这两个方面。以《湖北省体育设施建设和管理规定》为例，其主要部分涉及：所有单位和个人应当遵守体育设施建设和管理的法律、法规和规章，体育设施的建设应当遵循统筹规划、因地制宜、合理布局规范实用、方便群众的原则等。合理布局体育场所和设施并使其提高利用率，是制定这一政策的主要目的。而有关发展地区优势运动项目的政策相对较少，《西藏自治区对外国人来藏登山管理条例》则为这方面政策的制定做了表率，此条例规定了外来人员管理、登山手续办理、登山附带科学考察或测绘的管理、具体登山活动规定、处罚等内容，它为发展西藏登山事业和繁荣地区特色经济、保持地区经济稳定起到了推动作用。此外，在我国现阶段有关体育产业布局的政策中，地区间合理协调发展的相关政策还没有涉及，地区间规划和布局间的不合理，会造成资源流失等现象，进而制约体育产业的发展。

（四）我国体育产业技术政策现阶段的状况

我国体育产业技术政策的分类可划分为运动员技术等级管理类、专业技术人员经营培训类、经营性保龄球馆等级管理类三种，数量上依次为5份、4份、1份。

可见，体育技术等级类的政策占多数，这些政策对体育技术的等级认定，以及培训等都起到了不同程度的规范、引领作用。以《运动员技术等级管理办法》为例，其主要内容包括管理权限、申请审核、证书、监督和处罚等，这一《运动员技术等级管理办法》对体育技术人员有着严格考核和规范的作用，有利于体育技术人才的增加。

然而，我国的体育产业技术政策，对于体育用品业中富含高端技术的产品的扶持政策还没有制定，这使得我国体育用品的技术发展滞缓，影响体育用品业的创新发展。

三、我国体育产业发展政策的制约因素分析

（一）国民对体育认识的片面性与偏面性

现在，大多数国人对体育的认识还停留在竞技体育层面上，对体育产业和市场经济条件下的体育产业的认识相对薄弱，在体育成就的认识上，也是以竞技体育为标准。在这种错误认识体系的引导下，争夺奖牌成为唯一的价

值取向，导致一些体育项目不计投入成本，不讲体育产出效益，完全违背了体育经济市场的正常运作，而当这些项目取得国际性成就后，其商业开发价值却根本没有提升。民众进行自我体育锻炼的意识较低，对体育运动认识还有一定的偏面性，人们认为体育与自身无太大关联，参加与体育有关的活动基本以收看体育节目为主，体育运动参与较少。

（二）市场竞争优势缺乏

我国目前对体育产业的指导还相对缺乏，而体育企业自身定位又较低，主要集中在手工业行业，相关企业技术装备、产品开发、现场生产、市场营销及其他管理手段还处于相对落后的阶段。近年来，虽然我国体育企业中有一部分通过努力在国际上取得了一定的品牌效应，但仍然是以运动会赞助为主，获利极少。目前，国外一些知名的国际性品牌还是占领着我国体育器材和体育服装等市场的绝大多数份额。

（三）资源整合力度不够

目前，我国的学校和社会体育场馆仍沿用计划经济条件下的单一模式。在一些地区，体育设施重复建设，资源利用效率低，市民健身得益低，市场运作效益不高，严重违背了国家全民健身计划的目的原则和体育市场运作的经济原则。同时，在体育传媒、体育无形资产等多个方面上也存在诸多同样的问题，导致无法拓展品牌的优势效应。

（四）产业统筹方式单一

我国虽然拥有大量优质的体育产业资源，但是对体育产业的资金投入主要还是靠财政投入。虽然在近几年通过体育彩票、体育场馆广告、大型运动会赞助等方式筹措了部分资金，但融资的渠道仍以传统的筹资方式为主。对于运用现代化金融手段，为体育产业增加投入和投资，加快体育产业开发的速度上，缺乏较为明确的计划和手段。

第三节　我国体育产业发展政策制定和执行中存在的问题及解决对策

一、我国体育产业发展政策制定和执行中存在的问题

（一）我国体育产业发展政策的制定中存在的某些问题

1. 政策体系不健全，内容涵盖不全面

目前，我国体育产业结构政策内容的建设可以说是参差不齐。政策制定稳定及良好的发展是体育相关布局政策、体育彩票有关政策、竞技体育产业政策、群众体育政策等的国家体育产业建设的重要保证。体育布局政策内容中，体育设施布局的政策对发展各省、市、地区的体育设施建设和体育器材配备成为一定程度上的促进剂，但具有地区特色的体育产业与体育设施布局政策则出台较少，需要加强。体育彩票在经营和管理上也出台了相关政策，对体育产业发挥了较好的作用。我国在竞技体育产业和体育基金经营管理等方面也出台了一些政策，对竞技体育及体育基金的经营管理起到了一定的促进、规范和约束作用。我国群众体育产业政策的制定较为全面，对群众体育的发展起到了很大的推进作用。政策制定相对薄弱的方面包含体育场馆、产业组织、体育技术等。我国现阶段在体育场馆产业政策、体育教育科技产业政策及体育无形资产开发经营政策等方面，几乎还没有出台相关政策。而体育产业组织政策内容的发展则处于不均衡状态：有关体育市场合理化发展的政策出台较多，对市场的合理化发展起到了一定的规范作用；对于规范和约束体育用品业发展、体育场馆建设、体育赛事和表演等方面的政策，则制定较少。体育产业技术政策内容中，虽然体育技术标准已发展得比较完善、齐备，国家对体育技术的发展也相当重视，但有关促进体育技术创新和突破方面的政策还较欠缺。

2. 政策内容不够具体，对体育企业和组织缺乏优惠政策和鼓励政策

在对于体育企业和体育组织的支持鼓励、优惠和扶持等层面上，我国体育产业的相关政策还没有明确的标准。目前，我国体育产业发展的政策覆盖

率是比较高的，只是内容的具体程度欠缺，因此实际操作起来会有困难。尤其是对体育企业和体育组织扶持、优惠的具体细节没有详尽的政策说明。借鉴体育产业发达国家政策中的优秀经验，结合我国国情及实际情况制定出优惠的政策，是我国目前亟须解决的问题。怎样吸取国外发达国家的体育产业政策中的优点和先进经验，制定符合我国国情的优惠和鼓励政策，是我国政策制定部门迫切需要处理的问题。

（二）我国体育产业发展政策执行中存在的主要问题

1. 过于单一的执行手段

我国的体育部门一直都属于行政部门范畴，我国行政部门的主要手段是进行行政审批。但是随着社会的快速发展，体育作为一个朝阳产业，不仅需要在思想上重视，更需要有切实可行的实际措施，制定出符合当今社会发展的体育产业政策，如果仍然按照传统的方式和思路来发展体育，那么体育产业必然得不到快速发展，会造成体育产业无法可依的弊端。当发生实际问题时，体育部门要与执法部门共同处理，以弥补体育部门缺少独立处理的能力和支撑的不足。

2. 缺乏有效监督机制

我国当前的政策监督机制还不够完善，对体育及有关产业监督不够合理，政策在执行的过程中达不到相应的效力，不能达到预期的效果。

二、体育产业发展政策制定和执行中存在问题的解决对策

（一）对我国体育产业发展政策的制定中所存在问题的建议

1. 健全体育产业发展政策体系，完善有关方面的政策内容

通过前面的分析，我们不难看出，体育产业的相关政策并不是一个单一体，相反，它是与体育产业相关的各项政策的集合体，是一种包含多种因素和多个层次的复杂系统。因此，要形成一个较为健全、完善的体育产业政策系统，必然要全面地考虑体育产业中的各个因素，联系各层次来制定合适的政策。只有这样的政策系统，才能在体育产业的发展过程中发挥出积极有效的管理、调控作用。具体做法可以从以下几方面进行。

（1）体育产业布局政策方面。

各省、市应制定具有地域特色的、适合本地体育产业布局的政策。这些政策是基于当地的经济水平、自然环境、文化背景的具体特点的，所以必须符合中央的政策方向，其最终目的是为发展具有区域特色的体育产业模式提供强有力的政策支持。

（2）体育产业组织政策方面。

体育产业组织政策方面的工作主要是制定和完善各类公共体育设施、体育用品等方面的相关规范，对相关企业、单位、组织，甚至个人进行规范，当然也要有相应的税收优惠和扶持，对经营性体育场馆及各类群众体育活动、体育健身组织进行规范和约束。

（3）体育产业结构政策方面。

体育产业结构政策方面可以采用如下策略。

一是根据现阶段我国的发展特点，着力发展体育健身娱乐业，辅助发展竞赛表演业、体育彩票业，牵动相关体育产业（体育旅游业、体育金融业、体育用品业、体育健身休闲娱乐业、体育咨询培训业等）的快速发展，进而推进我国体育产业的加速发展。

二是充分利用群众体育产业和体育彩票经营管理等方面的政策经验，完善体育基金经营管理和经济体育产业方面的政策，填补体育场馆业、体育教育科技产业等多方面政策的空白和漏洞。

（4）体育产业技术政策方面。

体育产业技术政策方面要运用市场规律，利用价格机制来促进体育产品技术含量的提升。制定的政策中要有对商业化技术进行扶持和对其产权进行保护的内容，同时以体育竞赛市场运作作为体育技术产品生产流通的运行途径，在市场机制的作用下，该类商品的价格得以合理确定，进而提高产品中的技术含量。

2. 制定具体的相关优惠发展政策

（1）财政政策。

体育产业有较强的公益性特点，政策上政府应对体育产业的发展予以更多的支持，尤其是增加资金投入。与体育产业发达的国家相比，我国在体育产业层面的经费投入是相对较少的,这一点从投入的体育经费占国民支出的比例,就可以看出来,即西方发达国家体育经费占国民支出的比例为3%~5%,而我国还不足1%。政府除了加大体育产业上的财政投入,还应注意投资的方向和重点,即把具有公益性的体育场馆建设,以及后期维检、大众健身场馆及设施器材的配备、体质健康监测与评估等作为资金投入的重点方向,各省、市基层的财政支出也要加大体育活动的投入比重。

（2）税收政策。

作为一种治理手段,税收既能管理生产经营活动,又能调节经济发展速度和水平,税收还是促进社会资金合理流动的有效途径。一个国家的税收政策对国民经济机构具有引导、带动和支撑的多重作用。现阶段,我国体育产业各相关部门需要缴纳的税种繁多,如增值税、营业税、企业所得税、城建税、教育附加税、个人所得税、公安税等。花样繁多的税种限制了体育产品经营企业或单位利益,当然也阻碍了体育产业发展的速度。因此,想要真正促进体育产业的发展,就必须在税收方面提供优惠,尽量满足各方面的利益需要,以增进企业或个人投入体育事业的积极性。具体可以从以下几点着手:一是减免税收政策的实施,这项措施主要针对体育产业各部门的经营收入方面,如在体育俱乐部营业收益、体育场馆出租收益、体育产品制造企业的营业收益,以及体育文化娱乐消费等方面减少或免除税收;二是对相关税率进行适当调整,如对高消费体育娱乐项目实行特种附加税,征3%的体育健身娱乐服务营业税;三是免除一些单位的营业税,如按国家规定设立的青少年俱乐部和青少年活动中心、非营利组织的体育活动收入等;四是实行一些特定的税收优惠政策,如为安置体育事业单位盈余人员而开办的体育企业,符合劳动服务企业条件等情况的,给予"两免三减半"的所得税优惠。

（3）价格政策。

价格政策尤其体现在大众体育健身方面,为保证在大多数民众的消费能力范围内,各类公共体育场馆服务,以及相关的体育健身休闲娱乐服务的价格应在合理的、被大众所普遍接受的范围之内,同时在时间上也应尽最大能力给广大群众提供方便。只有这样,才能提升广大群众参加体育健身运动的积极性,发挥公共体育设施作为人们进行健身运动的直接硬件设施的作用。

（4）对于居民消费的引导政策。

关于对于居民消费的引导政策要做到两点，即做好宣传和拉动内需。做好宣传方面，要充分利用各类新闻媒体的资源，对体育运动进行广泛宣传，包括体育竞赛、体育健身讲座、休闲健身项目的介绍、体育运动项目的推广等。要做好体育建设的宣传工作，一个社区要有健全的大众体育健身娱乐设施，一个街道要有高水平的健身俱乐部，一个区县要配有体育中心。只有这样，才能激发并保持群众的体育消费热情，使其投身体育运动锻炼中，也为体育产业发展中的消费行为打下良好基础。拉动内需方面，各级政府都应清醒地认识到体育消费对转变消费结构、提高消费水平、拉动经济增长的促进作用，实施有利于拉动居民消费的政策，促进体育产业发展。

（5）捐赠政策。

对于一些企业、团体或个人进行赞助的体育赛事或活动以及购买公益性体育设施的，应作为捐赠处理，根据捐赠额按一定比例对个人所得税进行减免，对企业所得税进行免征等。对于青少年公益性体育活动场所进行捐赠的，应准予全额免除缴纳企业所得税和个人所得税的相等款项。对协助捐赠的中介机构和个人，应给予一定的物质奖励。只有这样，才能促进体育资金来源的社会化发展和多元化发展。

（6）金融信贷政策。

体育产业作为国民经济的一个部门，必然与金融业有着密切的联系。各级政府及金融部门应增大体育产业的信贷投入和贷款范围，为重点体育项目的建设提供支持，如公共体育场馆和设施维修改造等。对国家鼓励支持的体育产业部门，政府应适当以减免税收、贴息或委托中介进行融资担保的方式进行扶持，为其争取上市融资，使其将风险资本引入体育产业。

（7）土地和国有资产使用政策。

土地和国有资产使用政策应注重以下两点：一是政府应优先处理具有公益性质的体育产业用地；二是鼓励企业利用本企业的闲置土地自建或与体育企业联合建设体育设施。当然，只要是体育产业用地，政府管理部门就应在审批方面制定有针对性的政策，并且应促进体育产业用地的发展。

（二）针对我国体育产业发展政策执行中存在问题的建议

1. 采取多样化的执行手段

在体育产业政策执行过程中，政府除一般行政手段外，也应注重突破创新，合理选用其他手段。要法律手段与监督检查并重，对于体育产业发展的相关法律法规要不断进行完善和改进，要制定促进体育市场经济发展和产业调整的法律法规，同时要不断完善司法的监督检查工作体系。

2. 积极宣传，加强我国体育产业与国外体育的交流合作

针对我国体育产业的状况，应加大宣传力度，从思想上让人们接受体育、了解体育知识、热爱体育运动。加强对体育产业的宣传，突出其社会形象，让广大人民群众认识到体育运动对身心健康的重要作用，认识到体育产业对社会发展的重要作用。积极宣传体育产业相关的政策法规、条例。在经济全球化趋势快速发展的当今世界，我们要积极挖掘、寻找机会，促进国家间的体育产业合作。

反过来，国家间的体育产业合作，也可以促进国家外交，以体育作为让世界了解我们的窗口，促进我国与世界的经济融合，实现共赢发展。

3. 与时俱进，加强体育体制创新

实践是检验真理的唯一标准，在实践中与时俱进具有重要意义。我国的体育产业政策需要实践检验，更需要在实践中与时俱进。只有不断实践才能真正确定体育产业政策的合理性和有效性，也只有与时俱进才能让体育产业的相关政策保持先进性，经受得住实践的检验，成为真正符合体育产业发展规律、具有推动作用的好政策。

体育主管部门必须具有创新意识，不能故步自封，要以发展的眼光来制定体育产业相关政策，并在实践中积极监督检查，不断改进和完善体育产业相关政策，只有这样才能为体育产业发展的活力提供坚实保障。

4. 加强体育产业政策执行过程中的监管

改革开放四十多年以来，我国的经济建设发生了翻天覆地的变化，并且一直保持了良好的发展势头，这靠的当然是实干精神，但也离不开发现问题、分析问题、解决问题的自省精神。

要想加强对权力运行的制约和监督，就要把权力关到制度的牢笼里。这

充分说明了反腐工作需要以制度作为保障，那么同理，良好有效的监督制度对于各项事业的进行都是强有力的保障。体育产业发展也是如此，要用制度去规范管理，要不断进行评估、反馈和创新。具体可以从以下两点进行。

一是加强监管和执行的力度，建立法人信用档案。法律只有在认真有效的监管下才能得到有效执行，体育企业法人信用档案的建立无疑是对法人的一种监督，进而影响体育产业中的经济收益和发展方向，影响企业所得利益和服务对象的利益。因此，做好信用记录工作，促进诚信机制的有效运转，建立企业信用档案是一项加强体育产业政策执行监管的有效措施。

二是各地要采取有效的监管措施以保障体育政策的落实。我们所处的社会是社会主义法治社会，法律是解决体育产业发展实际问题的有效途径。各地各级体育行政部门应适时转变职能，加强相关政策执行中的监督管理。出现问题时，应首先想到采用法律手段进行处理，形成多元化的体育产业纠纷处理程序。

第四章　我国体育产业结构的演进与优化研究

第一节　体育产业的结构与演进

体育产业结构是国家经济的相关部门结构划分中不可缺少的一部分。研究产业结构，主要是研究体育产业系统作为整个体育行业的系统集合。体育产业结构主要由两个重要部分构成，其中一个组成部分主要是为广大群众提供相关体育商品和相关体育培训服务等，另一个组成部分是与体育产品的制造、营销及体育培训行业相关联的其他环节。对此，我们可以按照不同的方向进行分类，主要研究工农牧业和服务业等部门之间的关系，其中包括各个产业部门存在的相互关联。

一、体育产业结构的概念

体育产业结构的总体概念是体育产业中所包含的经济成分、经济活动的各环节，各部门和各地区的组成结构，以及其相互之间的关联。体育产业结构所涵盖的方面广泛，结构多样，主要包括体育产业公有制结构、产业结构、行业结构、地域结构、分层结构、经济结构和产品结构等方面。

对体育产业结构概括来讲，体育产业结构指的是体育行业的生产要素在各个行业部门之间的组成比例和它们之间相互关联、制约平衡的关系，有时候也指一个国家的国民总体劳动力、人类财富和各种资源在国民经济各产业部门之间的比例状况及其相互关联制约的方式。体育产业结构在整个国民经济的各种结构中有着不可或缺的地位，它会影响国民的健康水平和国民经济的发展。因此，经济的快速发展不仅包括经济增长量的迅速扩大，还包含体育产业结构随着经济社会的不断发展而不断演进。至于体育产业结构的合理化就是指在全社会，乃至全世界范围内，用较少的国民劳动力消耗，取得尽可能多的、可以满足社会或者国家需求的经济效益。

本章中的体育产业结构指体育产业中所包含的经济成分及其各环节、各部门、各地区的构成，以及与其之间的关联。

二、体育产业结构的特征

（一）平衡性

体育产业结构的发展与优化需要对其系统结构的整体性加以维护，这需要产业机构通过调节平衡来实现，即体育产业机构的平衡性。

体育产业结构的平衡性指的是通过其经济系统的内部机制可以自发地进行结构改造，从而实现体育产业结构的升级。体育产业处在不停运动变化的状态中，这主要体现在其结构本身、内部各要素，以及其所处的外部环境等方面。体育产业经济系统中的每个子系统都在不断地进行着自我组织与平衡。

（二）地域性

以我国体育产业结构地域性分布为例，受经济发展水平的差异化影响，我国体育产业的演进过程在地域分布上呈现突出的东强西弱的特点。在体育产业发展的过程中，东南部、中西部地区梯度发展差异明显，东部沿海城市依托于改革开放前沿国家政策、地域优势，体育产业始终在全国遥遥领先。在经济体制不断深化改革的过程中，体育产业得到了迅猛发展，体育创造的经济价值得到了快速提高。其中，以一线城市为中心地带的东部区域体育产业发展尤其明显，而中西部地区的发展则十分滞后。

（三）商业性

国民社会生活中生产出的产品和人类所提供的劳动力都不仅仅是用于自身消耗且需要用于商品生活中交换的，这也就决定了它的社会性质是不存在免费提供的消耗品。体育产业结构中所包含的人类物质性产品或者人类非物质性产品与其他商业属性的产品一样，都不仅仅是用于自身消耗且需要在社会生活中用于交易，显然，这也就决定了体育产业结构的商业属性。

广义下的体育产业结构中所生产出的，无论是国民体育产品还是人类体育劳动力，要成为交易的对象就必须符合社会生活中人类的某种需求，即对于人类来说必须具有相应的应用价值。对于体育产业来说，生产出的体育产品和体育劳务都是为了满足人们对体育不同形式的需求，只是在体育产业中所表现出的形式不同而已。

比方说，体育产业结构中不可或缺的健身娱乐业是为了满足社会生活中人类追求健康体魄的需要，场地租赁服务业则是为人们提供体育运动的最基本场地条件，也是满足人类生活中日常运动的硬件设施需要等。这些产业都是为了满足人们对体育生活的不同需要而衍生出的社会产物，即从根源上讲，它们都实现了体育产业结构对于人类生活的多种功能（健身功能、娱乐功能等）。抛开体育产业的最基本使用价值，所有的体育产品就只剩下唯一的共同点，即它们都是社会生活中人类劳动力的某种表达方式，其根源价值是人类的劳动力。正是在这基础上，体育产业结构中所有的体育产品才具有劳动力的比较性，因而才能确定体育产品在社会生活中交易的比例。众所周知，体育产业结构中体育产品的根源价值是人类劳动力，但该人类劳动力不等同于体育产品的商业价值。之所以体育产品中的劳动力能够形成商业价值，是因为对于体育产业来讲，只有当体育产业结构中的经济关联需要通过体育产业结构下的体育商品的交易来实现，人类所耗费在这些体育商品上的劳动力才能作为形成商业价值的广义的人类劳动力而被社会"抽象"出来，并能够被认可，这就是体育产业的商业性的体现。

（四）利润性

所谓利润性，就是通过人类社会生活中生产出的商品和提供的劳动力并由此获得较多的经济利润，从而实现人类在社会生活中的劳动价值和劳动意义，并最终体现在现实社会中产业的迅速发展。当今社会主义体育产业结构下的利润性与资本主义社会中资本家的一味求利，是有根源和本质上的区别的。体育产业结构中的利润性是人类社会生活中再生产实现的根本需要，体育产业结构是国民社会生活中再生产生活不可或缺的一部分，因此在社会主义市场经济下的体育产业物质和人类劳动力资源的分配，从根源上取决于社会主义市场经济的作用规律。

（五）完整性

从体育产业的整体性角度来看，各组成环节之间相互紧密联系，可以概括为系统结构，并且与各个组成环节密切相关。实际上，体育产业系统结构和体育产业系统组成环节是具有非常紧密的联系的，这两者缺一不可，并且它们之间的关联性是不可独立存在的。很多时候，我们错误地将系统的结构认为是各个组成环节在一般思维模式下的统称，或是对多个组成环节的概括。实际上，它是体育产业各个组成环节之间的某种关系或多种关系和相互作用的统称。

体育产业是体育相关行业系统的集合，在当今社会的产业链中，没有哪个产业是孤立存在的，体育产业也不例外，它需要获得其他行业产品的辅助或者其他行业服务的帮助，而体育产业创造出的产品或者是相关服务又可以作为其他产业的资源支持。体育产业系统作为整个体育行业的系统集合，主要由两个重要部分构成，其中一个组成部分主要是为广大群众提供相关体育商品和相关体育培训服务等，另一个主要组成部分是与体育产品的制造、营销，以及体育培训行业相关联的其他环节。体育产业中的各个行业间又具有非常紧密的相关性，各个体育产业相关行业是相互依存的利益群体。同时，两大组成部分之间具有密切的关联性，他们之间存在一种紧密配合又相互影响的复杂关系。整个体育产业能够产生多大规模的效益，或者说产业效应，主要取决于体育产业不是各个组成部分简单地重叠相加而获得的实质效应，而是通过相关的制度政策、经营管理的手段将体育产业的整体效应最大化。所以，说体育产业整体的结构内涵和组成环节，促成了体育产业依托其结构性质发挥出强大的整体效应。

三、体育产业结构的变动规律

体育产业的发展会受到多种因素的影响，如经济基础、人民收入、社会需求结构等。我们可以将体育产业外部结构的变化规律总结为：经济发展速度的加快、人民收入水平的提高及社会需求结构的变动可以推动体育产业的发展。我们可以从这个规律看出，体育产业将会随着我国经济社会的转变和居民消费水平的提高而不断发展壮大，并使人们的精神需要和消费需要得到更好的满足。

体育产业结构作为国民社会生活中经济结构的一个不可或缺的组成部分，同时也在制约着其他行业产业结构的发展。国民生活中其他产业结构现代化的发展进程，也在潜移默化地为体育产业结构提供一片良好的外部经济环境的"沃土"，这对于体育产业结构的现代化改革进程起到了至关重要的推动作用。反观体育产业结构在适应国民经济社会中各行各业现代化发展的进程中，对各行各业的产业结构也有着一定的促进作用。

众所周知，相对固定的产业结构会影响人口流向和人类劳动力分布的地域状况，并对于经济社会中人类的总体素质和就业形势形成一定的、固化的必要条件。因此，体育产业结构的现代化进程改革加速了社会生活中人类劳动力从原本固定的生产部门转到多元化部门，从传统行业转向新兴高科技行业，进而转向高科技知识技术型产业。在这种潜移默化的行业转移过程中，由于国民所接受的初等教育和技术培训的高度不同，经济社会中的人类劳动力价值也不同。在这样严峻的形势下，各个国民企业为了在激烈的社会行业竞争中取得一定成绩，也需要对自己公司的员工进行相关的培训，从而提高他们的行业业务水准和工作能力。因此，我国乃至全世界都出现了不同程度的体育产业教育大众化的需要。面对现代化社会对于体育教育大众化的趋势和高科技社会的到来，各国主要应通过多元化的途径来实现体育产业结构多元化，要根据现代化社会的产业结构对体育教育结构进行合适的调整。众所周知，我国现阶段的体育产业结构仍然处于初级阶段，作为我国第一产业的工业在社会主义国民经济中占有非常高的比例。随着现代化改革进程的快速发展，高科技知识、商业信息和高科技科学技术的综合应用及产品革新，产业结构趋向先进化发展，都将会使得直接从事传统行业生产活动的人大大减少，从事体育产业服务行业的人将急剧增加。因此，我国的体育产业教育结构和知识经济专业结构，必须适应这种由国民经济社会发展的产业结构多元化所带来的社会行业人才结构的变化。总之，现代化国民经济产业结构的改革进程加速了人类劳动力在各个产业之间的流通，改变了我国新时代的就业结构和人才分布结构，这也就对体育产业中的教育结构提出了新时代的要求。推动体育产业教育结构就需要不断地调整和改革，从而适应体育产业中教育大众化、普及人民化、民主教育化的要求。

第二节　我国体育产业结构的演进与分析

一、中国体育产业结构演进的过程

国民生活中体育产业结构的演进，也就是研究各个部门之间的发展如何关联并进的问题。其中包括各个产业商品供给和人类需求如何适应现代化社会的问题，以及如何发挥经济社会中的体育产业结构的进程问题等，从而来衡量我国现有的体育产业结构在总体结构中规划是否合理。在这中间，最重要的内容是看体育产业结构中所释放的综合能力是否能够高于各个部门的综合能力。众所周知，国民经济社会中各部门间的相互作用关系越统一，体育产业所能够释放的整体能力就越强大，与之对应的体育产业结构在国民经济结构中也就越合理。体育产业结构在全民产业结构中表现为从初级向高级不断演进。在我国体育产业结构的演进进程中，通过与现有社会经济资源的相互促进，进而产生了一系列大规模的动态演进，在这个不断演变的过程中，我国的体育产业规模整体不断扩大、研究层次不断拓展，进而随着体育产业结构间关联度的增加由初级向高级不断地有序演进。

二、影响中国体育产业结构演进的因素分析

（一）国民经济发展和国民经济结构调整

十一届三中全会以来，国民经济发展水平迅速提高，我国的国民经济水平仅次于美国，位居全球第二，社会上可利用的资金渠道也越来越宽泛，居民的消费水平越来越高，消费的种类也越来越多元化。经济的快速发展带动了国民经济的发展，一定程度上推动了其结构调整，作为朝阳产业的体育产业也引来了更多的投资者。国民经济的发展结构从战略目标、政策法规等方面直接影响着体育产业结构的发展。近年来，我国经济增长方式主要依靠制造业。比如，以福建为主形成的体育用品制造业，以制造、仿制体育相关用品出口，而获取微薄利润。然而，伴随着国民经济结构的不断调整，该地也自创了很多体育品牌，提高了研发力度，提高了产品的价值，加快了产业的

升级转型。

产业结构的变化趋势和程度受国民经济发展的影响。由于市场行为的影响，体育产业的投资吸引了大批的投资方：一方面，朝着有利可图的方向进行投资；另一方面，不断加快创新脚步，增大设备产能。与此同时，体育服务型产业也通过各种渠道引进专业人才、加快创新脚步、不断提高品牌效应来吸引更多的社会资金。目前，我国的休闲、娱乐、体育等消费型产业的比例不断扩大，产能过剩的产业不断压缩。同时，出现了新的经济增长点，以互联网+体育为例，大大地提高了体育产业的效率，降低了成本，合理优化了资源配置。随着《国务院关于加快发展体育产业扩大体育消费的若干意见》的政策出台，社会主义现代化经济融入我国体育产业结构的相关环节，让我国的体育产业得到迅猛发展，可以说，这是现代化进程中国民经济发展促进体育产业结构向更好方向调整的有力证明。但是，体育产业结构演进的速度与脚步要始终以国民经济发展水平为主，否则就会陷入体育产业大跃进的状态。

（二）区域资源禀赋

体育产业结构的内容极为丰富，体育产业结构多样性的形成与我国各区域环境下丰富的人文自然资源和国民生活社会资源密切相关。我国国土辽阔，东北地区有着多种多样的冰雪资源，东部有宽阔的江、河流、湖泊等资源，中部地区有着高山资源。各种各样的地域资源，形成了多样化的体育旅游业发展格局。东北、华北以滑雪运动为特色，华东以山水特色为主，华南以高尔夫和水上运动为主，西南以攀岩户外为主，西北以高原、荒漠为主的区域布局正在逐渐完善。与此同时，交通条件状况也影响了体育产业的发展。由于我国存在的地域风貌差异与人文地理差异，人文资源和自然资源的不同对我国体育产业结构的发展产生着深远的影响。目前，我国体育产业的发展正逐渐趋于国际化，但我国多民族、多元化的民族特色对我国体育产业结构发展的影响也日益显著。

（三）居民消费需求的变动

计划经济时期，我国的分配制度是较为单一的，十分缺乏可以自由支配的资源。竞技体育的出现体现出浓厚的"为国争光"的政治色彩，而且占据了很大一部分自然资源，然而对于集合式存在的群众体育，个人能够参与的体育项目寥寥无几。竞技体育与群众体育的发展都是在计划经济体制下国家对体育资源高度统一的情况下进行的，体育事业的一切活动都被垄断。改革开放以后，经济迅速发展，居民的体育意识不断提高，参与体育运动已经成为居民丰富业余生活的一种方式，花钱买健康的意识也被越来越多的人重视，形成了群众体育多元化、多样化的特点。但是，随之而来的问题也越来越多，供需矛盾难以解决。体育健身休闲娱乐业、体育建筑业、体育竞赛表演业和服务业等各行各业，在现阶段国民经济社会的快速进程中呈现出多元化的需求，这些与我国经济社会下居民收入增加，空余时间增多，以及自身需求和情感需求等方面的变化有关。目前，我国人口老龄化严重，老年人的运动处方将促进传统医学向预防医学和运动医学这一方向转变，以此来促进健康服务业的发展。体育与城市间协调持续发展，其中的根本问题是人的发展。要想满足居民的体育需求，仅仅依靠政府是不可能实现的，还要加快引入社会资本，引导居民意识，树立正确的体育消费观念。

（四）体育产业相关联的产业的影响

体育产业的发展与其他产业的发展息息相关，其中有阻隔不断的联系。体育产品是指体育服务、体育用品、体育场地、体育建筑等为体育服务消费产生的实体产业。因此，体育产业的发展关联着很多产业。例如，与体育器材有关的钢铁产业、电子通信产业，与体育用品相关的纺织业，与体育场馆相关的建筑业，以及与运动食品相关的食品加工业、餐饮、旅游业，等等。

体育产业的发展不仅仅是自身产业的发展，更多的是和其他产业和谐统一的、可持续的发展，这其中包括上游产业、下游产业的纵向关联和体育产业结构内部的横向关联。因此，任何一项相关产业结构进行调整都会在很大程度上影响体育产业的发展。

（五）政策和制度环境的影响

从我国体育产业发展的进程来看，与体育产业相关的制度都是一脉相承的、相互关联的。国家制定的法律、法规章程等，加速推动了体育产业结构的纵横调整。这些制度融合经济、体育等领域，体现国家意志，通过经济手段与行政手段来促进体育产业的发展。一直以来，我国竞技体育发展的进程缓慢，投入大、产能低，业余运动员与职业运动员的水平差距很大，职业运动员不职业等问题在管理制度下的出现，严重约束了竞赛表演业的可持续发展。但是，随着体育的不断发展，也涌现出一批以姚明、李娜等为代表的高水平职业运动员，他们在我国职业运动史上画下了浓墨重彩的一笔。改革开放以后，我国历经多个"五年计划"，体育产业的发展规划也受到高度的重视。在体育发展改革中，势必会制定符合我国当前体育产业的法律法规政策，一些不符合时代发展的法规政策将渐渐被淘汰。

这些法律法规的制定严重影响着我国体育产业的发展与结构调整。尤其是2010年我国颁布的《在社会主义新形势下关于加快发展我国体育产业的若干指导意见》，根据此文件，各个省市也相继制定了适合本省形势的对应措施。2015年，国务院颁布了《在社会主义新形势下关于加快我国发展体育产业扩大体育产业消费的意见》，这一文件将体育产业结构发展的重要性提升到了一个新高度。经济体制和社会体制制约着体育体制，制约我国体育产业结构发展进程的主要因素在于我国在"强政府、弱社会"的环境下，各类政策主导体育产业发展，并且以国家为主导的政策体系对于体育产业调整具有极强的目的性。此外，在快速发展的市场经济氛围下，一些门类的发展先于体育产业政策，是对体育产业政策进行逆向选择的过程，而体育产业政策对我国体育产业结构向更好的方向发展影响十分巨大。

第三节　发达国家的体育产业结构演进与启示

一、发达国家体育产业结构演进

（一）美国体育产业结构演进

据调查可得，美国的体育产业主要分为两大类，一类是体育健身行业。目前可发现，该行业是美国资本主义社会体育产业结构中不可缺少的组成部分，该行业在20世纪80年代初期发展进程还十分缓慢，美国的健身俱乐部数量很少，健身内容也十分单一。但随着美国社会的迅速发展，健身行业结构出现了急剧性变化，体育健身业得到迅速发展，网球、高尔夫等高端运动迅速兴起，俱乐部也快速增加。截至 2013 年，美国资本主义社会格局下的健身娱乐运动场所达到5.8万个，不同功能的健身俱乐部达到了2.5 万个，美国健身娱乐俱乐部中的内容由过去的单一向多元化转变。资本主义市场经济下的这一发展促使了社会体育消费人群需求的增加，美国健身行业的规模化发展成为体育产业结构中的主要特征。

另一类是职业体育行业。职业体育行业在美国出现得很早，且发展至今，其在产业规模化和结构化方面都积累了许多发展经验，行业发展市场化程度随着经济的发展十分成熟。从美国职业体育产业发展的进程来看，职业体育竞技项目侧重点十分突出，这为美国体育产业的发展奠定了坚实的基础。

（二）英国体育产业结构演进

作为现代体育起源地的英国，虽然在产业各方面结构设置及效益上还不如其他先进国家，但是其发达的社会经济条件及其社会文化，也为资本主义社会形态下英国体育产业结构的发展奠定了处于世界领先地位的基础。

英国虽然作为体育产业的发源地，但由于其发展速度较慢，体育产业的正式发展主要是在英国的经济得到复苏后。虽然只有短短的几十年时间，但是英国在资本主义社会意识形态下，体育产业的现代化改革进程已经有了质的飞跃，英国体育产业结构成为英国国民经济中不可或缺的一部分。据调查，英国的体育产业结构涉及的范围十分广泛，其中包括健身娱乐、职业竞技、比赛表演、体育竞赛、广告赞助等。与美国相似的是，健身娱乐、职业竞技、比赛表演这三大部门支撑起了英国体育产业的发展，为英国体育产业的发展做出了重大贡献。

英国最早开始实行俱乐部体制。19世纪中期，英国工业革命爆发，从而建立起了市场经济制度，这一制度的建立极大地促进了当时社会生产力的发展，推动了英国国内市场的发展速度，拓宽了世界市场。

众所周知，作为英国体育产业结构中的支柱产业，健身休闲业见证了资本主义社会下英国体育产业不断发展的进程。第一次工业革命前期，大部分的普通民众都没有经济能力参与其中，而是将更多的精力投放于劳动生产。资本主义社会下伴随着工业革命的完成，英国的国民社会生产力迅速提高，居民的生活水平快速提升，大众化娱乐方式的体育健身休闲活动也逐渐融入人民生活。其参与人数不断增加，体育消费水平也越来越高，这对英国体育产业中的健身休闲业的发展，以及产业结构的完善发挥了重要的促进作用。

（三）日本体育产业结构演进

日本属于世界经济发达国家，也是亚洲国家中经济最发达的国家。虽然体育产业在日本发展较晚，但是受到其发达经济水平的影响，日本体育产业的发展趋势已经处于发达水平。体育产业发展运行模式以政府为主导，政府的支持、扶植及有关政策在日本体育产业发展的过程中起着决定性作用。

和资本主义社会欧美发达国家不同的是，体育用品业是日本体育产业结构的支柱型产业。长此以往，日本体育用品产业的发展处于世界前列水平，发展规模和效益排在世界第二位，仅仅低于美国。日本体育用品产业发展最初期是明治初期。当时的日本还没有制作体操课所用器材的能力，因此只能先进口其他国家的体育器材，然后再进行仿造。到了明治后半期，随着体育用品厂家的不断出现，日本开始出现本土体育产品。

20世纪初，日本在资本主义社会意识形态下，体育用品业迅速发展，在制造、物流和销售等方面，日本体育用品产业结构也出现了专业化进程分工，这也就推动了日本体育产业结构的不断创新和专业化发展。

20世纪70年代，日本的健身休闲体育产业开始萌芽。在1945年以后，日本开始全面推进健身休闲运动的发展，休闲体育产业结构与欧美发达资本主义国家相似，由此日本成为世界上最早开展休闲健身运动的国家。资本主义社会大背景下，日本的大众体育产业主要组成部分就是定期举行全国体育大会。因此，日本体育健身休闲产业的发展同欧美国家一样引领了时代潮流的发展。

职业体育产业虽起步较晚，但是发展速度却十分迅速。在日本，最受国民喜欢的体育项目分别是职业棒球、足球，职业竞技体育产业的快速发展推动了资本主义社会下日本体育产业的发展。近年来，赛车、网球、高尔夫等赛事也开始受到广大群众的关注。

二、发达国家体育产业发展及结构演进特点

我们应了解发达国家体育产业发展的结构优势，总结其发展过程中的问

题及发展的特点，根据发展启示及结构演进的启示，来对我国的体育产业结构进行指导，借鉴其先进经验，完善我国体育产业发展。综上所述，我们可以对发达国家的体育产业的发展演进总结出以下几点。

第一，产业规模大，产值高；第二，产业结构合理，主导产业地位突出，相关产业发展迅速；第三，政府大力扶持，法律法规健全；第四，拥有完善的管理体制。

三、发达国家体育产业结构演进的启示

（一）加大政府投入力度，为体育产业的发展提供重要的政策支持

通过总结发达国家体育产业的发展经验，我们可以发现，在产业发展中起着举足轻重作用的是政府政策的支持。然而，从目前我国的实际情况来看，由于体育产业的发展受政府政策的制约和限制，我国体育产业结构的升级改造过程极为缓慢。因此，通过学习、借鉴、引进其他国家的先进发展经验，在中国特色社会主义下需要及时建立一套符合我国体育产业结构发展规划的、完整且系统的体育产业结构政策，从而为我国体育产业结构的发展演进创造优良的环境。

（二）加强体育产业法制建设，建立健全的市场管理的规定

同体育产业较为发达国家相比，我国的体育市场的法律法规仍不健全，这对于体育产业的发展来说是一个障碍。因此，制定出适合我国体育产业发展的相关法律法规、市场管理条例、行业管理办法对于我国体育产业的健康发展起着举足轻重的作用。只有形成健全的市场法律法规管理体系后，我国体育产业的发展才能真正实现有法可依，我国体育产业结构才能早日实现升级改造的目标。

（三）着力培育高素质专业人才

人才是不可或缺的宝贵资源，发达国家体育产业的快速发展与拥有专业的人才密不可分。研究表明，日本和英国都开设了与体育产业息息相关的专业课程，以此来培养本国的体育专业精英，通过培养各方面的专业人才来满足自身人才需求，使其投身于建设本国的体育事业。

我国拥有世界近1/5的人口，但目前体育产业专业人才却十分缺少。因

此，我国体育产业发展急需解决的问题是人才短缺，以及合理地将我国现有的体育人才进行配置，从而发挥最大作用。我国需要借鉴发达国家的经验，不断完善人才培养模式，促进我国体育产业的发展，以及优化结构的升级。

（四）体育产品业应放在发展的首要位置

发达国家的体育产品业在体育产业结构中占据了十分重要的位置，随着长时间的发展也十分完善。相对比社会主义市场经济体制下我国的体育用品制造业虽然初具规模，但由于国民经济社会发展不均衡，产品类型相对较少，高科技产品含量低，目前仍然难以取得突破性进展。对比资本主义市场体制下发达国家的体育产业发展情况来看，发达国家都有针对国家特点的体育产业发展品种，且各有侧重。例如，美国有NBA职业联赛、橄榄球运动俱乐部，意大利有网球运动、足球、篮球等运动。因此，我国的体育产业结构也应该优先发展具有国家特点的体育产品业，尤其是江浙沪沿海一带体育产品生产业较为发达的省份，要根据市场特点制定相应的、扶持其转型的政府措施，进而促使体育产品由数量型向质量型的突破性转变，最终能够促进国家特色体育文化用品的开发与中国国家品牌的确立，并提高中国特色体育用品的国际竞争力和市场占有率。

第四节　我国体育产业结构优化道路的选择

体育产业结构是在国家社会的发展中逐步形成的，且要实现国民经济生活产业结构的合理有效与社会生产力的发展状况相辅相成。体育产业结构的优化改革升级应该把握好我国社会主义经济制度下产业结构变化的基本规律，根据符合体育产业发展的历史背景，结合国情制定政策并进行合理引导和调整，随着社会改革的进程逐步改进并切忌为了调结构而调结构。

体育产业结构的优化改造升级，是我国体育产业结构随着社会主义市场发展演进的最终目标，这也是建立在我国体育产业结构达到符合社会主义经济制度下合理规划和高度效率化的基础之上的。我国的体育产业结构优化是体育产业结构改革的脚步朝着合理规划和高度效率化发展的动态平衡过程，在整个发展与演进过程中，我国的体育产业结构逐步发展，最终达到随着国民生产生活水平的提高，各部门协调优化的最佳状态。为此，根据中国社会主义经济制度背景，笔者特提出以下几点体育产业结构优化升级改革的针对性对策。

一、转变政府手段，推进体育产业的市场化

我国是具有中国特色社会主义经济体制的国家，因此体育产业结构的发展也需要配合我国的经济体制具备优良的政策或制度的管理背景。从大方向的政府管理背景来讲，推进我国的体育事业行政管理改革制度对促进我国的体育产业结构的优化改造升级具有重要的作用。在国家"大众创业、万众创新"的体制背景下，体育产业结构应该在中国特色社会主义市场背景下进行良性发展和升级改造。

二、做好体育产业结构规划

我国的政府部门，尤其是体育产业的上级部门，在把握体育产业结构演进规律的行业基础上，需要对中国特色社会主义背景下的体育产业结构的升级改造进行整体的把脉和问诊，重点在于策划我国的体育健身休闲业和娱乐体育业的良性发展，进而促进我国体育产业下各行各业之间的协同演进与发展，并协调好我国发达地区与欠发达地域之间的平衡发展，最终实现从整体上优化升级体育产业的结构。

三、建立健全体育产业结构优化的政策与法规

根据发达国家体育事业的发展历史，我们不难看出其对于建立健全体育产业结构优化的政策与法规的重视程度。因此，从我国体育事业的政策和立法角度考虑，十分需要建立健全体育产业结构优化升级改革的行业规范和政策措施，我国的体育事业部门应通过支持体育核心产业的发展，进而形成以体育核心产业为主导，各分属行业之间良性驱动和配合的体育产业结构形式。

四、做强体育产品制造业，从而奠定体育产业结构升级改造的基础

首先，根据我国社会主义经济制度的国情转换体育产业的增长方式，提高国民劳动力素质，在全国范围内大力发展高科技，鼓励科技工作者开发创新型知识产权，形成具有高科技含量和密集产业集约型的高科技背景。其次，结合我国体育事业的特色打造具有本土效应的品牌文化。最后，积极参与国际竞争，打造我国的特色品牌形象。

五、大力提升体育行业管理，形成体育产业机构优化的支柱产业

对我国现有的知名赛事进行更加规范的管理，并将可以利用的赛事资源进行整合。一是尽可能地将我国的中国足球协会超级联赛（中超联赛）、中国男子职业篮球联赛（CBA）、中国乒乓球俱乐部超级联赛和已经运营得比较成熟的北京马拉松赛、中国网球公开赛等传统的知名赛事整合起来，进一步培养和打造一批国际体育明星，吸收更多的国外体育明星，进而吸引更多企业加入我国各项体育赛事的运作，提升我国体育赛事的竞技水平和赛事质量，最终打造出国际知名品牌赛事。二是在加强国内赛事的同时，引入一些世界品牌赛事，打造国际品牌赛事的分站赛，如NBA季前赛中国赛等，积极地向世界体育组织靠拢，使运动员多参加国际体育竞赛，提高我国体育赛事的国际影响力。三是开展一批群众喜欢、人民参与度高、有中国特色的体育赛事，也对我国民族特色传统体育项目的传承与保护起到至关重要的作用。在政府支持和群众参与的合力促进下，形成有中国特色的体育赛事系统，进而促进我国体育赛事经济的快速发展。做好体育赛事运作的同时，不断完善我国体育赛事的管理机制和奖赏模式，加强体育赛事与其他产业的相互融合发展。

六、做强体育产品制造业，从而奠定体育产业结构升级改造的基础

首先，改变体育产品制造业的增长方式，提升体育制造业劳动者的综合素质和水平，着力提升科技创新能力，开发新型知识产权，形成具有高科技含量、集约型的新增长方式。其次，升级体育产品制造业的品牌建设，为体

育用品业的发展争取更好的政府政策支持和完善的市场环境，加强企业与国内外体育组织、体育赛事的沟通协作。最后，参与国际体育产品制造业的竞争，提高我国体育商品制造质量，打造我国体育品牌形象。

七、要统筹地区之间的体育产业发展

体育行业的可持续发展，要以我国中东部沿海地区为龙头，继续促进发达省份体育产业的发展，进而带动我国中西部地区体育产业的快速发展，不断优化我国体育产业结构。大力扶持欠发达省份体育产业的发展，开发具有地区特色、民族特色的体育产业，形成体育产业在地区间协调发展的局面。

第五章　我国体育产业中创意经济特点研究

第一节　新常态下我国经济的发展

一、新常态下经济发展的内涵与着眼点

我国的经济发展，经过长期的经验积累、时间沉淀，已经运行得具有明显的协调性。在国家政策的宏观调控之下，我国的体育产业及整个经济发展，都以新常态为发展的基础，只有在这样的经济常态下发展前进，我们国家的经济才能实现长足稳定的可持续发展。在新常态的经济环境之下，"增速换挡"是我国经历了多年的经济加速后，面临人口老龄化、劳动力成本大大增加的客观现实而采取的重要举措。"换挡"就是要转变经济发展方式，调整经济结构，所以我们需要更大的空间去转变原有的观念和结构体制，这就需要研究经济中的创意特点。

在新常态环境下，最关键的就是经济结构的调整，而且这种经济结构的调整不能只是所谓的调整，而应该深入地进行比较彻底的调整。要尽可能地化解长久以来在经济发展过程中累积的矛盾，要准确地抓住矛盾，采取切实有效的解决措施，才能有针对性地解决它。除了经济发展过程中长期累积起来的各种矛盾，还应该关注的是来自各个方面的经济压力，如日益严峻的就业压力。就业压力一直是一个严重的社会问题，就业难的问题并不是因为就业人口真的远大于可以提供的岗位，而是不同的岗位和不同的人群在数量上存在矛盾。有的岗位招聘人数极少，却存在着很大的竞争；而有的岗位有大量的需求，却只有极少的求职者。这样的矛盾是非常严峻的。要构建新型经济发展平台，就必须在宏观调控的基础上，结合目前的市场状况进行调整。

就就业的问题来说，大学生不仅是就业难，更严重的是即使有了工作，也会处在一个非常艰难且脆弱的就业环境里面。虽然国家政策一再地提出大

学生就业难的问题，一再地提出要解决大学生就业困难的问题，但是这个问题还是没有解决，甚至变得更加严峻。大学生也算是受过高等教育的人群，可找起工作来却比很多低学历的人要困难很多，这主要是因为没有足够的适合大学生水平的行业。现在社会上的工作岗位，要么是远远低于大学生的学历水平要求，这样就会导致没有大学生愿意从事这个工作；要么就是远远高于大学生的能力水平，导致大部分的大学生根本就达不到要求，因此出现了就业难的问题。而体育服务业的出现，对这个问题有很好的解决。因为体育服务业既不像一些比较低端的行业，不受人青睐，也不像一些高端的行业，入行门槛极高，所以应该大力发展体育服务业，从而促进我国经济的发展。

与此同时，体育服务业的发展和崛起对于外来务工人员的就业问题也有很大的改善。比如说，在体育服务业中的场馆服务这个行业，就可以给外来务工人员提供大量的就业机会。因为目前的场馆服务是一个长期需求量很大的行业，虽然对于技术水平有一定的要求，但这种工作在经过培训之后是很容易上手的。另外，这样的工作对学历是没有什么严格的要求的，因此就更加适合外来务工人员就业了。当然，很多场馆服务，比如说一些大型赛事、国际赛事的场馆服务是需要一些水平的，甚至有些国际赛事还要求从业者具备一些英语沟通能力，这种类型的工作就比较适合一些大学生志愿者来做。但是，还有很多清洁、搬运器材的工作，像这些清洁、搬运器材的工作，是对工作者的素质、水平之类本来就没有什么要求的，因此只要愿意从事这份工作的人，都是可以很容易地进入这些岗位的，而且这些岗位相对于很多建筑工地上的岗位来说，可以说是要轻松很多了。因此，体育服务业整个行业的发展，所能提供给社会的岗位，对学历要求、素质水平要求、专业技能要求等各个阶段都有，这才是真正能解决我国社会现在这个严峻的就业问题的行业。体育服务业能够提供体育经纪、体育中介、体育服务人员等各种各样的岗位。

就目前的经济发展状况来看，服务业已经成为我国经济产业中的支柱性产业。服务业近几年的发展速度是非常惊人的，它在发展的同时也为我国的经济发展贡献了很多增长值。服务业的发展不仅优化了我国经济发展的整体水平，更在很大程度上解决了我国严峻的就业问题，服务业的崛起为我国的许多居民提供了更多良好的就业机会和优质的就业岗位，从而进一步促进了我国经济发展的转型升级。我国目前的转型升级，最注重的就是质量的提升，要从高速的经济发展转变为高质量、稳定性强的经济发展。同时，如果能在尽可能地降低成本的前提下，尽可能地提高经济发展的质量，那将会是一个重大的突破。

我国发展新常态下的经济结构调整，最根本的要求就在于质量的提高，质量的提高是一切发展想要长期、持续、稳定的根本。质量是一切发展的基础，只有优良的质量，才能为我国的经济发展搭建起稳固的地基，才能保证经济的平稳发展。新经济模式不能仅仅局限于某些领域的改进，而应该是在国家经济发展所涉及的各个领域都进行改进，比如说经济产业的发展、金融管理领域的优化升级、消费市场的合理整合等，从而提高我国经济发展的整体水平。

在企业管理的内容里，有一个叫作"质量意识"的概念。一个企业的成功与否，质量将是最基本的也是最关键的要素，对于体育产业也是如此。"质量意识"首先是企业所生产产品的质量，产品是一个企业的核心，如果一个企业连自己所生产产品的质量都无法保证，那么是绝对不可能成为一个合格的企业的，更不可能在如今如此激烈的竞争之下获得一席之地，即使是取得了一些成绩，也最终会因为质量问题而导致整个企业的失败。保证了产品的质量，接下来就是人员的质量，这个人员包含的是普通员工和老板。仅仅是员工保证了质量，而老板却没有这样的意识和能力，一个企业是不可能成功的；同理，仅仅是老板有严苛的质量意识，公司内部的员工却没有这样的意识，肯定也不可能让这个公司走向成功的。因此，有了产品的质量意识之后，还需要整个企业的人员都有质量意识，这个企业才可能走向成功。就拿体育产业来说，像当今的体育经纪公司巨头创新精英文化经济公司（CAA）等其他几个大型的经纪公司，都是以高质量要求而能够达到今天的高度的；在如今的火热赛事中，运动员和整场赛事的真实性，以及对待观众的服务水平，首先决定了这场赛事的质量，其次进一步决定了这个赛事能否获得大众的认可及能否长久地举办下去。

二、新常态下我国经济发展的机遇

(一)"大升级"与构建升级版中国经济的机遇

"大升级"与构建升级版中国经济的机遇其实就在于我国经济的全面升级。其中,服务业的发展速度最为惊人,其已经在各个领域占据了重要的位置。比如,我国居民消费方式的转变,有形服务产品消费和无形服务产品消费的比重都越来越大。还有就是产业结构方面,服务业所占的比重越来越大,已经成为我国经济产业中的支柱性产业。

(二)大改革与大调整的机遇

我国传统的经济发展模式,在新常态的经济环境下暴露出了严重的问题,尤其是在经济结构方面的问题,是急需调整解决的,比如说日益严重的收入差距问题。我国是社会主义国家,虽然政策上的指导方针允许由一部分人先富裕,以此来拉动其他人的经济水平,但是随着时代的变迁,这个收入差距越来越大,已经造成了严重的贫富差距,已经违背了最初的经济发展模式所追求的初衷。因此,我们应该尽快转变经济观念,减小传统经济发展模式所带来的弊端。新常态的经济环境就是一个重要的机遇,我们应该把握好这个机遇,解决长期累积的经济发展问题。

我国的传统经济发展模式通常以获取利益为主要目标。发展经济的目的当然是获取利益,但是在获取利益的过程中,如果只看见眼前的利益,而忽略掉后续的发展,没有一个长期的追求,是肯定不可能长期发展下去的。这就是传统经济发展方式所存在的严重弊端,没有把握好可持续发展的重要性。传统经济发展模式和循环经济发展模式就有非常显著的对比,传统经济发展方式只实现眼前利益的最大化,因此无法长期地获得利益;而循环经济发展模式就是有一个长远的经济目标,即使目前所获得的利益可能比较小,但是就长远来看,这样才能真正获得更多的利益。但是,循环经济也不是一个最理想的经济模式,因为循环经济虽然考虑了可持续发展,也确实可以长远地发展下去,但是效益的确不是很理想,最重要的是这样的经济模式带来的是一个增速很慢的经济现状。因此,经过了传统经济模式、循环经济模式之后,新经济模式发展出现了。新经济模式可以说是弥补了传统经济发展方式没有坚持可持续发展和循环经济发展模式增速和效率都太低的不足，新经济模式既坚持了可持续发展的原则，又保证了高速的发展。新经济模式是一个非常适合现代社会发展速度，以及激烈竞争的市场现状的一种合理的经济发展模式。

（三）大市场、大消费与构建"大国经济效应"的机遇

我国作为一个人口大国，即代表着庞大的消费群体。在全球化的当今社会，中国人的消费影响力是十分巨大的。我国作为一个GDP居于世界第二位的经济大国，自然能对全球的经济带来强有力的影响。首先，我国所占有的市场份额是在全球范围内都占有相当大的比重的。其次，我国已经不同于其他的发展中国家被作为发达国家的生产基地，而是成为一个消费大国，我国目前的消费值已经居于世界前列，并且还在高速增长中。最后，我国的生产和消费之间的比例也在日渐趋于平衡，这就表现出了当今我国经济的稳定发展的能力。因此，我国经济在全球范围内已经占据了较为稳固的地位，并将持续发展下去。

目前，我国的消费总量已经位居世界前列，成为名副其实的消费大国。我国由于庞大的人口，消费量巨大也是理所应当的事，但是，我国的消费总量并不仅仅是因为我们国家有庞大的人口数量，其实最重要的是我国经济的快速发展，人民生活水平大大提高，从而消费能力也大大增强，国家的消费总量才会快速提高。本来消费总量这件事就不是靠人口来决定的，像同样是人口数量巨大的非洲、印度等国，并没有因为他们大量的人口而带来巨大的经济效益，这就是落后国家所呈现的人口数量和消费总量不成比例的现象。而美国这样的发达国家，虽然人口数量也很大，但是远不及一些发展中国家。美国的消费总量即是非常巨大的，特别是在体育产业方面。美国的体育产业的确是发展得非常好，而且美国的体育产业是美国经济中的支柱性产业，每年给美国的经济消费总量带来的效益，占了十分大的比重。因此，我国消费总量的增长，对我国体育产业的发展起到了非常大的助推作用，所以我国更应该把体育产业放在经济发展的重要位置，大力地发展我国的体育产业，从体育赛事、体育旅游业、体育服务业、体育经济、体育中介、体育经纪人、体育场馆建设等多个方面入手，全面、系统、协调地发展我国的体育

产业。

(四)"大纵深"与构建多元增长极的机遇

我国国土面积广阔,并且跨越了各种各样的地形带,不同的地域特点对经济发展的影响也是不尽相同的,甚至因为地域的差别而有了巨大的发展差距。但是这样的差距不一定只能是负面的,我们可以通过因地制宜的方式,找到适合不同地域的经济发展方式,从而丰富我国的经济结构,提高我国经济发展模式的多元化水平。以我国经济崛起比较快、经济发展水平比较高的东南沿海地区为例,我国的东南沿海地区最开始是以工业生产为主要发展方向的,工业生产也一直是东南沿海地区的重点经济发展项目。但是,目前东南沿海地区的经济重点已经转向了服务业的发展。发展服务业是当今社会的大势所趋,东南沿海地区也率先抓住了这个发展机遇,及时转变发展重点,从而取得了良好的收益。在这样的发展态势之下,我国的经济越来越朝着多元化的方向发展,从而使我国的经济结构更合理和经济发展更高效。

(五)"大人才"与构建第二次人口红利的机遇

我国作为一个人口大国,有着庞大的人口基数和消费群体,同时也意味着我们国家有大量的劳动力。但是,劳动力数量的庞大并不代表只有好处。我国的劳动力存在着水平和素质参差不齐、普通劳动力过剩、专业化人才短缺等问题。首先,是农村劳动力的问题,随着现代化的发展,城乡一体化的进程加速,从事农业方面的劳动力越来越短缺,与此同时,还要面对日益严峻的人口老龄化问题。其次,就是毕业潮的问题,每年有大量的毕业生面临找工作的难题,专业无法对口、综合素质不够、要求与自身能力不符等都是毕业生就业困难的原因。因此,综合以上两大问题,最重要的应该是提高劳动力的整体素质,在提高整体素质的同时还应该注重培养专业化、综合素质高的优质人才,这样才能真正提高我国的整体发展水平。

人口老龄化是阻碍我国经济发展的一个大问题。首先,人口老龄化会造成我国劳动力的短缺,劳动力是发展经济必不可少的力量,如果没有充足的劳动力,那么我国经济的发展必然会面临很大的问题。其次,人口的老龄化会增大抚养负担,抚养负担的增大不仅仅是一个家庭的问题,还是一个社会的问题。抚养负担的增大会增加整个社会的压力,年轻人会因为这层负担,降低自己的生活水平，如果人民的生活水平不能得到提高，那么国家整体的经济水平也是不可能提高的。而且人口老龄化还会增加国家在经济上的负担，如果国家在养老保障这一块要投入更多的资金，那必然会减少在其他方面投入的资金，这样肯定是不利于国家经济发展的。而这其中自然也包括了不利于体育产业的发展，因此人口老龄化这个问题是非常严峻的，它给国家经济发展带来的影响是巨大的。要想国家在体育产业方面投入更多的资金，加大更多的保障和扶持力度，首先就应该把人口老龄化这个问题给解决了，人口老龄化跟劳动力短缺、就业问题严峻等问题都是有所关联的，这些问题都应该好好地解决掉，才能有机会发展好体育产业，从而提高我国的经济发展水平，并且提高我国人民的生活幸福指数。

（六）"大创新"与构建技术红利的机遇

"创新"是这个时代必不可少的发展方向，只有创新才能让一个行业在这个变化飞速的时代继续生存下去，这个行业更可以通过创新来增加自身优势，从而在当今社会的激烈竞争中脱颖而出。因此，我们国家要想抓住构建技术红利的机遇，就必须大力创新。目前，我国在科研创新方面已经取得了一些成绩。比如说，我国科研人员规模的增长是非常巨大的，科研人员是助推国家科技建设的主要力量，科研人员规模的增长，也从侧面反映出了我国对科研事业的重视程度。我国在科研事业方面的投入是非常大的，而且还在增加，因此这就给很多人提供了科研创新的机会。在国家政策的支持下，人民群众对待科研事业态度的转变，使得越来越多的人愿意加入这个艰苦而有价值的科研生活之中，从而在很大程度上促进了我国科研事业的发展，进而有利于把握住构建技术红利的机遇。

创新是每个行业能够成功的基本。拿淘宝这个APP来举例，淘宝在当时是绝对的创新，市场上没有一个可以和它相竞争的电商平台。在淘宝成功之后，便有了大量的效仿，在这些效仿的企业中，大部分的企业都以失败告终，但是还是有企业脱颖而出，最值得一提的就是京东。京东和淘宝一样是电商平台，但它的创新之处就在于品牌的问题，淘宝的店铺可谓是鱼龙混杂，假货横行，京东应该就是抓住这一点走出了自己的一条独特的道路来。而后面比较成功的唯品会、聚美优品这些品牌也是靠着各自创新的优势才可以成功发展起来的。唯品会的创新之处在于品牌的低价处理，而聚美优品主要是进口美妆。因此，这也能够给我国体育产业的发展带来很大的启示，创新绝对是在竞争如此激烈的市场环境下能够生存下来并脱颖而出的方式。现在的体育产业的各个行业，都已经有了一些比较成功的企业，规模也已经发展得很大了。首先，是在这些大企业之间的竞争，如果只是停留在公司现有的产品、现有的水平上，而不去创新，是非常容易被这个市场淘汰的，无论是多么大的公司，都有可能走向衰落。其次，是一些新公司想要在现在的市场环境下谋求发展，最重要的还是创新，如果没有一些创新的东西作为自己公司的特色，树立好一个品牌，是不可能和其他已经发展起来了的大公司有竞争的余地的。

三、经济新常态下我国体育产业发展导向转变与路径选择

（一）体育产业属性和社会经济条件决定体育产业发展导向

体育产业发展导向是体育产业发展过程中最重要的一部分，是体育产业能够在一条正确的道路上发展下去的基本保障。体育产业的发展导向，决定着体育产业总的发展方向。如果导向是正确的、有价值的，那么体育产业的发展才会向着一个正确的方向前进；但如果导向出现了偏差，那么必然会影响体育产业的总的发展方向。因此，选择正确的体育产业发展导向是至关重要的。首先，我们需要根据体育产业的属性来确定，不同的体育产业有各自不同的属性，要根据每个体育产业独特的属性来确定发展导向。其次，就是社会经济条件的决定性作用，社会经济条件是所有产业发展的基础条件，体育产业当然也不例外。

1. 体育产业发展导向以体育产业属性为基础

体育产业因为其特殊的属性，不仅仅是一个属于经济领域的、具有商业价值的经济产业，同时由于其自身所具备的强身健体、增进健康的功能而具有强大的社会属性。因此，我们应该注重体育产业作为一项民生事业所蕴含的内在价值。首先，体育产业作为一项经济活动，可以细分为多个行业，其中就包括了健身休闲娱乐业。健身休闲娱乐业除了具有巨大的商业价值，还对于人民生活水平的提高有着积极的推动作用。首先，健身娱乐业的发展，

可以为社会大众提供丰富的就业岗位，从而解决很多人的就业问题。就业问题作为当今时代的大难题，能够有所改善，意义是十分重大的。其次，人们生活水平的提高，大大地促进了健身娱乐行业的消费，而在人们促进其消费的同时，也参与了体育锻炼，强健了体魄，从而进一步提高了生活水平，因此这是一个具有巨大经济效益，又朝着良性方向发展的机遇。

竞赛表演业的高速发展，也在促进体育产业发展的同时，增加了国家的经济效益，促进了我国竞技体育水平的提高。我国的竞技体育具有巨大的商业价值，竞技体育行业的优秀运动员成为人们追捧的对象，他们所代表的是顽强拼搏的正面形象，这样的追捧对象有利于整个社会向着正能量的方向发展，可以通过这些良好的导向来引导体育产业的正确发展方向。

2. 体育产业发展导向应根据社会经济条件来调整

我们虽然都希望体育产业的发展导向朝着一个正确的方向前进，但是它的发展方向却不是能够被人为改变的，而是由市场这个大环境来进行调节的。因此，要想使体育产业的发展导向朝着一个正确的方向前进，首先应该优化市场环境，整顿市场乱象问题。我们需要根据体育产业的经济属性和社会属性来做出调节，以适应其发展。

（1）从体育产业社会属性来分析。

根据不同的社会环境、社会条件限制等，来制定不同的产业导向。体育产业作为一种既具有经济属性，又具有社会属性的产业，它的发展方向要确定的话就必须具体问题具体分析。从社会属性上来说，体育产业要能够满足人们一定的需求。说到需求，生存需求肯定是所有需求的基础，所以在满足了起码的生存需求之后，就应该注重其他方面的需求了。人们是在有了一定的消费能力之后才能有体育产业方面的消费的，经济基础是十分重要的，经济基础是一切消费的前提保障，有了良好的经济基础才会有更多的消费空间，从而可以提高国家的消费水平。因此，发展体育产业的社会属性和经济属性也是不可分割的，同时还是相辅相成的。

（2）从体育产业的经济属性来分析。

体育产业作为经济产业的一部分，经济在体育产业发展过程中的重要性是不言而喻的，我们可以分析一下经济在各个方面对体育产业的影响。首先，稳定的国家经济水平是体育产业稳定发展，或者有更大发展前景的保障。只有国家的经济处在一个稳定的状态，才能保证其他领域的协调发展。其次，经济的发展速度也会对体育产业的发展速度有很大的影响，体育产业的发展速度应该是和经济增速相协调的、成正比的。因此，发展体育产业，一定要注重与经济的协调性。

（二）经济新常态下体育产业发展走向的确定

体育产业要走新形态路径，就要明确新形态的真正内涵，它是以可持续发展为方向的发展方式。对于近几年我国高速的发展方式进行评估后，我们可以看出长期的高速发展是不利于可持续发展的，当经济增速过快的时候就容易出现瓶颈期而难以前进。因此，为了避免这种情况的发生，我们就采取了主动放慢速度的方式，来实现经济的可持续发展。这就是我们在对传统的经济发展方式进行深入剖析和研究之后的结果。同时，新形态的另一个重要特点就是以创新为驱动力，优化产业结构。这两个特点都是在可持续发展的基础上提出来的，其有助于我国体育产业的长足发展。体育产业发展走向的特点包括如下几点。

1. 生态性

经济的高速发展，除了给国家带来许多利益，其实也是一把双刃剑。因为在发展经济的同时，总是伴随着生态环境的破坏。但是既然我们要走新形态的发展道路，必然要认识到可持续发展的重要性。环境是我们赖以生存的场所，不能为了经济利益而不顾及环境的重要性。资源的日渐匮乏，环境的慢慢恶化，对经济的发展是非常不利的。因此，生态问题是发展经济所必须面对的问题，如果经济不能和环境协调发展，就必然不能实现可持续发展，我们需要把环境保护提上日程、付诸行动，而不仅仅是喊一些虚无缥缈的口号。

体育产业的发展给生态环境造成的伤害是非常多的。比如说高尔夫球运动，高尔夫球场一般占地非常大，要修建一个标准的高尔夫球场，会对很大一块地皮造成伤害。同理，还有棒球、网球等其他各种运动的场地占地面积都非常大，都会不同程度地对环境造成伤害。相比较而言，乒乓球、羽毛球这些最适合大众健身的体育活动的确在环境保护方面要更好一些。还有一个很大的损害就是噪声污染,其实噪声也是可以对环境造成很大的伤害的,在体育赛事的举办过程之中,所产生的噪声是非常可怕的。还有空气污染,体育赛事目前已经有了太多的形式,其中的一些项目还会造成空气的污染。每举办一次大型的体育赛事,所产生的垃圾废物都是不可估量的,还有很多体育场馆专门为了奥运会而搭建,却在奥运会过去之后就不被理睬,造成了非常严重的资源浪费,更何况本来在当初建造这些体育场馆的时候就已经花费了大量的人力和物力资源。因此体育赛事这个体育产业在资源的浪费和环境的破坏上是有很大的影响的,所以以后我们在举办体育赛事的时候一定要时刻注意可持续发展,不能为了一时的发展而如此破坏生态环境。

确定了可持续发展的目标之后,就要付诸行动,要把保护环境这项工作落实到体育产业的各个行业之中,比如说体育赛事这个行业。体育赛事在带来巨大经济效益的同时,也常常会给环境带来损害,如大量观众造成的环境污染,或者一些运动项目本身对环境造成的破坏。曾经处在风口浪尖的"毒操场"事件就是例子,"毒操场"不仅会对环境造成很大的伤害,还会对人体造成很大的伤害,那就更不能放纵其毒害环境了。因此,我们应该重视保护生态环境的重要性,并且坚持可持续发展,真正把保护环境落到实处。

2. 融合性

体育产业的融合性是其本身所固有的一种属性,体育产业本来就是两个不同行业组合而来的,即体育和产业。体育产业和其他行业的融合,有助于产业之间的创新,在与其他行业融合的过程中,可以创新出一些新的产业,从而丰富我国经济的发展方向,增加我国经济发展的多元化。比如,体育旅游业就是一个非常好的例证,体育旅游业就是体育和旅游的融合。体育旅游业是现在很受观迎的一个体育产业,它作为一个比较新的体育产业,一种新型的经济尝试,具有极大的发展潜力,并且就其目前的发展状况而言,体育旅游业的发展势头是非常好的,它给我国带来了很大的经济效益。体育旅游业打破了以前人们对旅游的刻板认知,以前想到旅游就是看风景、到处走走逛逛、领略自然风光、体验当地特色。但是现在,旅游业和体育融合在一起后,无疑增加了群众在节假日旅游时的选择,而且人们可以在旅游中健身,在放松心情的同时锻炼身体。因此,体育与其他行业的融合,所带来的不仅仅是经济上的效益，更是在产业形式上的创新。

体育与经纪这个职业的融合也是很值得一提的。现在的经纪公司巨头，体育只是其中的一个分支，体育经纪这个行业也是通过借鉴其他行业的经验而发展来的。也正是体育行业和经纪人这个职业的融合，才有了现在运行得如此顺利的、一次又一次的大型体育赛事的成功举办。因此，体育产业和其他行业的融合总是可以取得比较好的成效，这也是因为体育所融合的产业确实是适合双方的共同发展的。两个产业融合在一起之后，有一加一大于二的效果，才是真正的融合；如果两个行业融合之后不相适应，甚至产生了诸多的矛盾，那就证明要么是两个产业的确不适合融合在一起，要么就是融合的方式不对。做任何事情都是要讲求方式方法的，如果方法不对，或者方式不对，那么再适合融合的两个行业也不可能融合到一起，甚至会因为错误的方式方法，而错过一个好的商机，或者说错过体育产业的一个新的发展方向。

3. 人本性

传统的体育产业发展理念，往往把物质作为衡量体育产业价值的标准，却忽略了体育产业所具有的社会属性，也就是满足人们体育锻炼的需要，即忽略了体育产业所具有的人本性。体育产业的发展，其获得的经济利益，是人们所努力追求的物质资料，所以体育产业的发展就是实现人们对经济效益的追逐，这也从某种程度上体现出了体育产业的人本性。其中，以体育服务业为例，体育服务业的发展就是为人民服务。体育服务业给社会提供了更多的就业岗位，这是服务于人的一方面。体育服务业的服务对象本来就是人，因此肯定要坚持人本性。还有体育旅游业，体育旅游业的参与主体也是人，所要服务的对象也是人，体育旅游业是以实现人的健康、休闲、娱乐为目标和宗旨的。而体育赛事虽在其商业性的特征之下，但也是以人为主体的体育产业，通过运动员顽强拼搏的精神来鼓舞观众，也给观众带来了许多正面的力量。

4. 社会性

体育产业作为一个在社会上运行的产业，依靠的是群众的参与和社会各界的力量，所以它是具备社会性的。体育产业的发展动力就是来自体育产业的社会性，体育产业因为处在这样一个随时都会变化、处处充满竞争的社会上，所以必须不断地改进自己的问题，适应社会的发展速度，这就是体育产业发展的动力。同时，重视体育产业的社会性就是重视体育产业参与主体的多元化，只有不同的人群、不同行业的人都参与进来，才能使体育产业吸取各种来自不同行业的发展经验，从而才可以继续向前、向上、持续地发展下去。体育产业发展过程中，政府的宏观调控是必不可少的，但是体育产业的发展也需要更多社会力量的参与，并且应该大力发挥社会力量在体育产业发展过程中的作用。首先，是一些发展中的社会经济主体，国家应该首先鼓励更多的社会经济主体参与体育产业这个行业中来。其次，在这些社会经济主体进入体育产业这个行业之后，应该给其足够的自由和足够的空间去发挥自己的潜能。一旦进入这个市场，就应该去适应市场的运作方式，在公平竞争中，去努力创造自己的优势，从而使自己能够在这个行业里脱颖而出。只有政府给了企业足够的发展空间，企业才能创造出更高的效益，也才能创新出更多的东西来，不能管得太死或者管得太严，这样是不利于体育产业发展的。最后，政府要通过一些政策的鼓励，来激发企业的发展活力。一个产业处在竞争激烈的市场环境之下，如果没有发展活力，就很难长期地发展下去，不仅不能长期地发展下去，还很容易很快就走下坡路。因此，注重体育产业的社会性，政府应该努力给社会创造一个公平竞争的环境，这才更有助于体育产业在社会上的发展。

（三）基于经济新常态的我国体育产业发展路径选择

1.在推进体育产业结构优化、加强体育公共服务建设中应注重人本理念

我国的体育产业经过多年的变迁，随着政府宏观调控的简政放权，社会团体在体育产业的市场环境中有了更大的发展空间，更自由、良好的发展环境，以及发展的条件。在产业结构方面，体育产业的产业结构得到了很大程度上的优化，并且在各个方面都发展得更加合理，效能也提高了很多。为了实现体育产业的可持续发展，我们要解决的问题都是不利于体育产业可持续发展的问题，体育产业的发展必须在符合中国国情的前提下才能实现可持续发展，同时要符合中国特色社会主义现代化建设的发展。发展体育产业，还需要完善产业链，产业链是一个产业持续发展的必要条件，体育产业要在社会上持续发展，不可能只依靠自己一项产业，形成稳定的产业链有助于体育

产业的运营，体育产业的发展壮大和持续稳定的发展。进一步拓宽体育产业发展空间，需要开辟更多的体育产业发展路径，发展更多具有特色的体育产业，才能在现在竞争激烈的市场环境下脱颖而出。要大力开发体育旅游业，体育旅游业的发展潜力和所能带来的经济效益是不容小觑的，因为旅游业本来就是一个很具有经济潜力的产业，融入体育这一代表着健康的特色之后，便又一次大大地增加了旅游业的经济效益和发展空间、发展潜力。还有体育文化资源的开发，体育文化资源的开发有利于进一步拓宽体育产业的发展空间，有利于丰富体育产业的多元化发展方式。最后是建设体育公共服务系统，体育产业的人本性要求我们把人的需求放在首位，体育公共服务系统就是专门用来服务大众的。

　　体育产业的一大特点就是它的人本性，我们需要通过关注人的自身来发展体育产业，以人为本。体育产业的发展壮大为社会广大人民群众提供了更多的就业机会。比如说体育旅游业，体育旅游业的发展需要大量的从业人员。再比如说健身行业，健身行业对教练员的需求是非常大的，这无疑给人们提供了很多的就业机会。而且健身行业的准入门槛还是比较低的，就目前的健身市场来看，许多的教练员其实并不是来自体育专业的学生，而是来自其他各个行业的健身爱好者。他们中的许多人只是因为自己喜欢健身，而接触到了这个行业，通过自己的长期锻炼，对这个行业有了更多的了解，然后开始学习一些更专业的知识和与健身相关的更科学的训练方法，最后通过健身方面的一些资格考试，就可以取得成为健身教练的资格。因此，现在很多健身行业的从业人员，在一开始都只是一些健身爱好者。能把自己喜欢的东西和自己的职业发展在一起，对于提高人的幸福指数和生活质量都有很大影响，这又一次体现了体育产业本身所蕴含的人本性。健身行业还是一个把健康和工作结合在一起的行业。对于目前的许多职业来说，在工作的过程中对于身体的伤害是很大的，而且许多职业对于人体虽然谈不上有什么伤害，但也不会像体育健身行业这样，不仅不会带来伤害，还可以强身健体，提高身体素质。关于体育产业的人本性，除了注重人体的健康问题，还十分看重人的安全问题。对于公共体育设施的建设，首先要考虑的就是安全问题。安全问题是需要预防的，而不是在出了问题之后才去采取处理方法，因为有很多安全事故所造成的后果、带来的伤害，都是无法挽回的。我们需要做好防范措施，消除安全隐患，这才是对人民群众真正的保护，才是真正地坚持了体育产业发展的人本主义。

2. 构建联动发展机制，推进体育产业多元融合发展

体育产业转型优化的有效途径就是产业的跨界融合和经济的联动发展。可以从以下几方面着手进行体育产业的融合发展。

（1）处理好政府和市场之间的关系

根据我国的国情，体育产业的发展完全由国家政府来掌控，完全交由市场来进行自我调控是不可能的，这样是不符合我国国情，以及不利于体育产业发展的。

在国家层面，仍旧需要国家的宏观调控来对体育产业的发展壮大进行总的把控。国家重视体育产业的发展，通过制定相关政策和建立健全制度，来发展体育产业，监督体育产业在市场上合理运行。

在市场方面，虽然国家现在的政策给了体育产业在市场发展中很大的空间，但是也应该有所限制，不能任其发展，否则会造成金钱至上、市场乱象的现象。体育产业在市场中的自我调节，有利于适应社会的发展现状，让体育产业的发展跟上时代的潮流。

（2）打通体育产业联动发展通道，打破路径依赖

体育产业的发展需要国家政策的支持，但是过度的依赖肯定不会让体育产业往一个良性的方向发展。国家的过度保护，来源于对体育产业的过度扶持，虽然是以发展体育产业为出发点，自是效果却会适得其反。地方保护主义不仅仅是体育产业上的问题，而是各行各业都普遍存在的一个现象。因此，我们现在应该通过相应的政策来打破这种现象。比如说在监察制度方面，应该大力增强监察力度。一个行业的正规运行，或者在正确轨道上发展，依靠的不仅仅是行业的自觉性，宏观的监察制度和企业内部的监察制度都是需要进一步加强和完善的。只有国家政策的宏观调控，配合企业自身的合理机制和运营制度，加上在市场大环境下的良性运转，才能促进体育产业的良性发展，而不是对政府的过度依赖。

（3）扩大体育产业融合发展的维度

体育产业和其他行业的融合，不仅仅是简单地把两个行业拼接或者组合在一起，而且是真的要实现两个行业的有机融合。体育产业要和其他产业融合，首先，要和相融合的产业互相协调，只有两个行业都可以协调运行，才能称得上是真正的融合。其次，就是融合的深度，只有深入挖掘两个行业融合在一起可能创造出的成果，才能实现融合效果的最大化、最优化。要挖掘两个行业的潜能，需要对两个行业都有充分、深入的认识，而不仅仅停留在表面。最后，就是融合之后的创新。在两个行业融合之后，利用两个行业各自的特色，再创造出新的特色，才算是一个新兴产业的诞生。比如说体育旅游业，它将体育的特点和旅游业的特点融合在一起，创造出了具有新特色的体育旅游业，它既不同于体育，也区别于普通旅游业。

3.加强开发农村体育市场，扩大体育产业发展空间

随着城乡一体化进程的推进，我国农村居民的体育需求也越来越多、越来越大。但是，因为农村长期落后于城市，所以很多农村现有的体育设施和与体育相关的一些用品等都已经无法适应现在农村居民日益增长的体育需求。加之现在国家大力推行全民健身政策，既然是推行全民健身，自然也包括了农村的居民。因此，对于加快农村体育基础设施的建设是非常重要和紧迫的。农村的体育基础设施建设首先是场地的问题，在农村的大部分地方，很多人想要锻炼，但没有可以锻炼的地方，这个问题是一个很基本的问题，如果连最基本的参加体育锻炼的场地都没有，肯定会大大削弱农村居民参与体育锻炼的积极性和热情，从而不利于体育产业在农村地区的持续发展。其次就是优化体育用品质量的问题，农村地区各方面的条件都比不上城市，所以应该优化这些产品的质量，从而推动体育产业在农村的发展。

首先，要通过国家的政策来作为扶持和鼓励农村体育产业发展的保障。在农村的环境下，要发展体育产业，仅仅靠自己的力量是远远不够的，还必须依靠国家的力量来进行扶持。国家通过一些税收政策、补助政策、补贴政策等在经济方面的扶持对发展农村体育产业是很有帮助的。

其次，政府除了在财政政策上的扶持，还需要进行市场主体的培育。体育产业市场主体的发展规模、发展情况，很大程度上影响着体育产业的发展。

农村市场主体的培育，需要来自政府的更多帮扶，才有可能发展起来。而且还需要通过政府来规范产业发展过程中的公平性，公平竞争是一个产业能发展起来的基础保障，可以使体育产业朝着一个良性的方向发展。政府可以为支持当地的企业发展体育产业而设立专门的基金，这些基金是用来扶持农村当地的企业发展体育产业的，有了基金作为保障，就可以让更多的企业把精力和重心放在发展体育产业上了。其他的类似于基金的方式也可以采取。

农村相对于城市，并不只是有比较落后的劣势，其也有独特的优势。比如很多农村地区，其实有非常多具有地域特色的体育活动。农村地区发展体育产业，完全可以利用这些特色来发展出独具地域特色的体育产业。还有一些地区是少数民族地区，独具民族特色的体育活动也可以发展出独具体育特色的体育产业。因此，发展农村的体育产业不仅要弥补其和城市体育产业之间的差距，还可以利用自身优势，发展出自己的特色来。

第二节　我国体育产业经济效益对经济建设的作用

一、我国体育产业经济效益对经济建设的作用

（一）刺激体育产业消费、促进竞技表演业的持续有效发展

体育竞技表演业作为体育产业的种类之一，是目前极具潜力，同时也是发展得比较好的一个体育产业。现在无论是奥运会、亚运会、全运会、世锦赛，还是一些单独的体育项目比赛，如世界杯、NBA、超级碗等，所带来的经济效益都是十分巨大的，而且在赛事持续的一段时期里会持续产生很高的话题度，并且持续地带来了很大的经济效益。超级碗就是一个具有巨大商业价值的体育赛事。在《福布斯》的全球俱乐部价值排行榜中，美国国家橄榄球联盟（NFL）在前十席里就占据了六席。超级碗某年比赛过程中，30秒的广告就达到了300万美元的高价。尽管有如此高昂的广告费，各大商家还是会拼尽全力争取广告机会。每年超级碗的广告都是绝对的小而精悍，广告商都力图用最短的时间，传递出商品的特点，以此来实现利益的最大化。每年只要是能登上超级碗表演舞台的明星，以及能被选中播出的广告，都会收获

巨大的经济效益。超级碗还有"黄金碗""美国春晚"等别称，不得不说一个体育赛事能够有这样的地位，取得如此大的经济效益，是一种多么大的成功。美国正是因为这些体育赛事的成功，才能成为世界第一体育产业大国。除了这些体育赛事，美国还有许多世界顶级的体育经纪公司，这些顶级的体育经纪公司也是美国的体育赛事、体育产业能够如此发达的原因，因为这些体育经纪公司不仅仅是发展体育产业，而且是综合性的大公司，所以资金十分雄厚，资源和经验也十分丰富，对体育赛事的发展和签约体育明星有很大程度上的助推作用，而且也对体育产业的发展有极大的推动作用，从而使美国成为体育产业第一的大国。通过体育赛事取得优秀成绩从而被粉丝追捧的体育明星，其实也是体育产业的一部分。

（二）体育用品行业异军崛起，需求量不断增加

中国是一个人口非常庞大的世界大国，凭借着人口大国的优势，我国在制造业方面的发展一直都是遥遥领先的。充足的劳动力大大降低了生产的成本，也提高了生产的效率。生产效率的提高，产品利益的增加，刺激了国民消费的增长。因此，这是一个非常具有经济效益的良性循环过程，我们完全可以利用自己人口大国的优势，来发展体育产业。我们国家对体育用品的需求是远远高于其他国家的，因此可以促进体育产业的发展壮大。

我国居民在全民健身政策的背景之下，对体育用品的需求是非常大的。比如说，对大众最常参与的羽毛球运动、乒乓球运动等体育产品的需求，某需求量大，也非常稳定。随着生活水平的提高人们，对网球运动的体育产品的需求也变高了。体育产品不只是有形的体育产品，而且还有无形的体育产品。随着体育事业的蓬勃发展，人们对体育赛事的关注度越来越高，对于不能到现场观看比赛的球迷或者说爱好者，赛事直播就是一个非常好的选择。人们对体育赛事关注度的提高，就是增加了体育赛事的价值，从而增加了体育赛事过程中广告的价值，以及相关赛事中体育明星的价值，这就对体育产业的发展有很大的帮助了，而且是在经济效益增长方面的助推。

（三）体育彩票业快速发展，促进公益事业的开展

体育彩票业是我国体育产业中的一个重要发展领域。体育彩票行业是一个全民参与的行业，每一个普通居民都可以通过购买彩票的方式，为中国

体育事业的发展建设贡献一份力量。而且这是一个纯属自愿的过程，虽然大部分的人都没有中过奖，但体育彩票可以让人对普通平静的生活怀揣一份期望，如果运气好就可以有一些小惊喜或者大惊喜。最重要的一点是虽然获得奖金的概率非常小，但是这些钱都为体育事业的建设贡献了一份力量，所以这也算是一个互利共赢的过程。现在的体育彩票有了越来越多的参与方式，中奖的机会也增加了很多，因此体育彩票事业的发展很有潜力，并且可以长期发展下去。

（四）促进体育培训产业，增加经济效益

现在的娱乐圈，体育明星已经占据了很重要的位置。由于体育明星自身所带有的"民族骄傲""国家栋梁""顽强拼搏""真实"等标签，让他们在娱乐圈的发展比很多娱乐明星要顺利一些。因此，体育明星也成了众人追捧的职业。在以前，很多家长是不鼓励孩子专门从事体育行业的。首先，这个行业非常辛苦，很难达到顶峰。其次，就算达到了一定的高度，也难以持续太长时间，曾经那些奥运冠军生活惨淡的实例屡见不鲜。比如：中国著名的马拉松运动员郭萍，她因高强度训练导致残疾，要用奖牌换取孩子的学费；拿过30多个冠军的邹春兰退役后成为一名搓澡工，不仅工资微薄，还因训练留下的后遗症而需要剃胡须；获得过亚运会举重冠军的才力，退役后因过度肥胖致病，并在33岁离开了人世，其退役后的工作是当门卫；马拉松运动员艾冬梅，因训练导致残疾，退役后靠摆地摊为生；体操冠军张尚武退役后多次因盗窃被拘留，后在地铁口卖艺为生。

但是，现在许多运动员在取得了优异的成绩之后都会往明星这个行业上转型，这无疑给很多人开辟了一条新的选择道路，而且还是一条非常明的道路。比如说，现在活跃在大众视野的李小鹏、田亮、张继科、马龙、孙杨等，都是因为在奥运会中取得了优异的成绩而进入娱乐圈的，像田亮这样的体育明星，在娱乐圈的地位已经很高了，而且很多体育明星又是跨界唱歌，又是跨界演戏，还有人写书。总之，成为奥运冠军后，加上自身的一些条件，就可以带着强大的明星光环受到无数的追捧，毕竟体育明星是一个非常主流的身份，粉丝的范围甚至比一些娱乐明星大很多，他们也不会像一些娱乐明星一样，一出道就遭受各种非议和质疑。在现在非常流行的真人秀类综艺节目中，体育明星已经成为标配。运动员成为体育明星，不光是自己有了更宽广的道路可以发展，也促进了体育产业的发展，因为有体育明星，就有了更多与体育明星相关的周边产业，有了更多的发展机会。因此，越来越多的家长愿意把孩子培养成专业的运动员，这无疑又增加了新的就业岗位，那就是体育培训员。不同的运动项目对培训员的需求就不一样，如此多的体育项目，对培训员的需求可谓是非常大的，因此又大大增加了体育产业的经济效益。

（五）促进体育中介产业的发展

体育赛事的发展，其实离不开另一个体育产业的协助配合，那就是体育中介产业。一个体育赛事的成功举办，需要的不仅仅是运动员和观众足够，这中间还需要中介的角色来作为桥梁。体育中介负责解决体育赛事过程中所能遇到的大大小小的问题，是体育赛事过程中不可忽略的重要环节。CAA就是体育经纪公司成功的典范，光是与CAA签约的运动明星就有NFL的传奇四分卫曼宁、美国职业棒球大联盟的最有价值球足德瑞克·山德森·基特（Derek Sanderson Jeter）、大卫·罗伯特·贝克汉姆（David Robert Beakham）、克里斯蒂亚诺·罗纳尔多·多斯·桑托斯·阿韦罗（Cristiano Ranaldo dos Samtos Aveiro，C罗）等。CAA一直是世界领先的体育经纪公司巨头，它的成功无疑证明了体育中介行业之中蕴含了巨大的商业价值。首先，是来自体育赛事的商业价值。体育赛事的举办，有各种广告费、代言费、电视转播权的费用、直播平台的费用，还有类似于超级碗明星表演所能带来的巨大经济效益，都是体育中介的经济来源。其次，在赛事举办前的宣传期、赛事过程中的时期、以及比赛后的时期，体育中介都可以利用各自的方式获得丰厚的利益。最后，消费者方面，体育赛事的门票费用、体育赛事和体育明星的周边产品消费、体育赛事带动的当地旅游业的消费，都可以给体育中介带来巨大的经济效益。因此，体育中介产业对于体育产业的发展，以及给整个体育产业带来的经济效益都是非常可观的，所以国家应该更加大力地发展体育产业中的体育中介产业，给予它足够的重视和更大的扶持力度。

二、我国体育产业经济发展的战略措施

（一）大力加快体育硬件设施建设

体育硬件设施是进行体育活动的基础，而除了一般的公共体育服务设施，体育场馆的建设也是十分重要的。体育场馆分为体育场和体育馆，体育场的建设相对于体育馆来说，在成本各方面都要低一些。因为体育场本身需要的材料比较少，而且体育场的外观基本是一致的，不会有什么特殊的要求，在各个方面的投入都会比建造体育馆少。而体育馆的建设，一般都会对外观有一些特殊的要求，各个地方的体育馆都在外观上有一定程度的创新，这自然就增加了建造的成本。因此，要加快体育硬件设施的建设也不是一朝一夕的事，需要合理地去进行规划和安排，得到效益的最大化。

（二）建立体育产业市场竞争机制

体育产业的发展除了需要国家政策的扶持和帮助，还需要通过市场的竞争机制来实现新的突破。竞争是进步的重要源泉之一，各个产业在你追我赶的竞争氛围之中可以挖掘自身潜力，实现更大的突破。体育产业需要在竞争中谋求发展，但是除了各个企业自己的努力，国家也应该努力为体育产业的竞争和发展创造一个尽量公平的竞争环境。只有公平竞争才能让在竞争下脱颖而出的产业良性发展，如果靠恶性竞争扰乱市场只会使体育产业的发展减慢、停滞，甚至倒退。

（三）人才兴业，人才强体

发展体育产业的主体是人，一个产业的发展除了需要基本的从业人员，还需要专业人才，即具有相当的专业水平、技术能力的人才，才能真正使体育产业蓬勃发展，比如说优秀的体育经纪人。体育经纪人在体育产业中扮演着十分重要的角色，他的专业性可能直接影响他所在行业的水平。但是目前，体育经纪人这个职业的从业人员的水平还处在良莠不齐的阶段，所以需要更专业的培训，以及更严苛的准入门槛来监督这个行业，提高从业人员的整体水平，才能进一步提高体育产业的发展水平。

（四）发挥行业协会的作用，引导体育产业发展

行业协会相较于一些综合性的体育机构或者体育单位，其所处的行业

更具有针对性和专业性。每个行业协会都有专门针对的体育项目，这对于该项目的发展、各方面的完善更具推动作用，更具有针对性，效率会更高。因此，应该发挥行业协会的作用来推动体育产业的发展，更具针对性地去解决问题。

我国的体育产业建设，经过了多年的反复尝试和探索，已经取得了一定的成效。体育产业建设的成功推进，对于我国经济建设的推动作用是不容小觑的。体育产业在美国早已是支柱性产业，给美国带来了巨大的经济效益。而我国也紧随其后，将体育产业发展成了国家的支柱性产业，这对我们整个国家的经济建设具有十分重大的意义。

第三节　体育产业中创意经济特点分析

体育产业的创意经济目前还只能作为一个未来体育产业的发展方向，因为我国还没有真的形成这样的产业模式，目前还是处于摸索和试探阶段。但是，一旦体育产业创意经济特点的模式形成，那么对于我国体育产业的发展将会是一个非常重大的突破，同时也将大力地推动我国整体经济的发展，所以体育产业的创意经济模式还是很有探讨的必要的。现在我们离发展体育产业创意经济模式还有一定的距离，还有很长的路要走。

体育产业创意经济特点这个理念，虽然只是在一个探索阶段，但既然是在探索阶段，那就有研究的必要性。因此，我们可以通过这个理念现有的和与它相关的一些信息来进行了解和探讨，分析其合理性。

第六章　黑吉辽冰雪体育旅游文化产业研究

第一节　黑龙江省发展冰雪旅游文化产业的政策研究

一、黑龙江省冰雪旅游文化产业政策及问题分析

1.冰雪旅游文化产业发展现状简析

（1）总量规模与产业结构。

黑龙江省的冰雪资源主要分布在哈尔滨市、牡丹江市、伊春市和大兴安岭地区。其中，以中国·哈尔滨冰雪大世界和太阳岛国际雪雕艺术博览会（简称"太阳岛雪博会"）为代表的冰雪艺术，已经成为冰雪资源利用和冰雪旅游文化产业成长程度的标准展示；以尚志市的亚布力滑雪场和哈尔滨市的帽儿山雪场为代表的国际滑雪场名震中外，尤其是世界大学生冬季运动会的成功举办更加使黑龙江省的冰雪资源和冰雪旅游文化享有国际盛誉；其他冰雪旅游和冰雪休闲资源，如冰雕、雪雕、冬钓、冬泳、冰上建筑、冰雪创作、冰雪民俗等正在丰富开展。在先天优质的冰雪资源带动下，催生了冰雪旅游文化产业，迸发了相关产业的进步，而且在冰雪旅游文化产业的不断培育中，也逐渐形成了经济稳步增长的环境。

黑龙江省的装备制造、石化、能源和食品加工是四大主导产业，成为黑龙江省经济发展的主要推动力量。近年来，在黑龙江省政府的规划推动下，黑龙江省大力发展冰雪旅游文化产业，取得了良好的成绩，也成为实现地方预算增长的重要第三产业之一。

（2）冰雪体育旅游现状。

黑龙江省是我国冰雪体育旅游活动的核心地和冰雪艺术的发祥地，并且取得了丰硕的成果，冰雪体育旅游收入逐年增加。以哈尔滨市为例，2018年接待旅游者2 690.7万人次，冰雪节接待海外游客约10万人。黑龙江省冰雪旅

游文化产品有世界东方冰雪迪士尼乐园——冰雪大世界、哈尔滨太阳岛雪博会、冰灯艺术的发祥地——兆麟公园冰灯游园会、牡丹江民族风域的雪乡、兴安岭地区的冰雪森林，以及亚布力滑冰场等，它们构成了黑龙江省玩赏冰雪的文化活动体系；冰雪餐饮、娱乐、住宿、交通、美食、旅游，冰雪旅游文化商品生产、滑雪器材工厂与冰雪市场等构成了日益兴旺的产业链；以冰雪为媒介的冰雪洽谈会、冰雪图书博览会、雪地汽车挑战赛、雪地足球等活动极大地促进了产业发展，使黑龙江省成为我国很受欢迎的冰雪之都。黑龙江省冰雪旅游文化收入持续递增，占据地区生产总值的比重处于上升趋势。

随着地区生产总值增长，冰雪体育旅游文化收入在波动中增长，越来越在经济中发挥重要作用了。在黑龙江省经济大发展大繁荣背景下，文化产业发展迅猛；政府对文化产业的重视和助推促进了黑龙江省的经济发展，二者相互融合相互促进。黑龙江省将冰雪资源开发、冰雪设施建设的价值充分发挥，形成以冰上运动、雪上运动、冬季活动为主的项目类活动，以冰上舞蹈、体操等为主的文艺表演，冰雪项目均有了长足的发展，冰雪产业格局已经基本形成。

（3）冰雪体育旅游文化产业现状。

黑龙江冰雪体育旅游文化的现代化始于1963年首届哈尔滨冰灯游园会，其作为世界上形成时间最早，规模最大的露天冰灯艺术展，一直作为黑龙江传统项目保存至今。1985年1月5日创办的中国·哈尔滨国际冰雪节，与日本札幌雪节、加拿大魁北克冬季狂欢节和挪威奥斯陆滑雪节并称世界四大冰雪节，已经历了几十个春秋。

1988年开始举办的太阳岛雪博会，周期为60~70天。1995年开始举办的哈尔滨国际冰雕比赛，2013年有11个国家参加，共70多名冰雕雪雕艺术家。1999年，首次举办哈尔滨冰雪大世界活动，全长1 030米，占地面积约20万平方米，总投资3 000余万元，5 000余名建筑工人参加建设，主题为"千年庆典神州世纪游"，再到接下来的"中俄建交""冰雪世界，奥运梦想""冰雪世界，童话王国"到后来的"神奇冰雪动漫"主题，见证了冰雪大世界的成长。

黑龙江省海林市的雪乡国家森林公园占地500公顷，地区海拔均在1 200

米以上，是众多电影电视的拍摄地点，雪期长达7个月，深度达2米，国家滑雪训练基地八一滑雪队在雪乡培养出众多的世界冠军。2003年，佳木斯三江国际泼雪节开始举办，活动涉及泼雪、滚冰、冬泳、冰上趣味运动会、雪地足球、高山滑雪邀请赛、冰上婚礼等。2008年，牡丹江迎来了首届中国牡丹江雪城旅游文化节，由海林、绥芬河和宁安等三个城市举办。

2003年开始上映的《林海雪原》，主题是宣传北方独特冰雪景观，展现黑龙江著名的景点、冰灯、雪雕、滑冰滑雪体育运动等；2009年出品的《雪娃》，主题是启发人们保护环境，体现了冰雪与文化的完美结合，获得了多项奖项，2014年拍成电影上映。冰雪艺术创作是锻炼艺术创造力、增强社会实践参与意识、素质教育与社会实践结合的有效载体，有利于健全冰雪教育理论体系，培养冰雪雕塑人才，使人才的培养更具针对性与应用性，能够更广泛地发掘冰雪人才，更好地促进具有特色的地域性经济的发展。

（4）经济发展新战略对冰雪产业的积极影响

2008年12月6日，黑龙江省结合自身省情特点和发展目标，在全省经济工作会议上提出了建设"八大经济区"发展规划，实施"十大工程"推进措施，推动"十大重点产业"项目建设，坚持"园区率先发展"发展战略。"八大经济区"建设是黑龙江省委十届七次全会上审议通过的新时期经济发展规划构想，规划立足于充分发挥全省资源优势和开辟新的经济增长区域，涵盖了工业、农业、旅游、科技、生态等重点领域，系统地勾勒出黑龙江省经济社会整体发展蓝图。"十大工程"是建设"八大经济区"的推进措施、重要枢纽，与"八大经济区"发展蓝图共同贯穿黑龙江省完整的发展思路。

以哈尔滨为龙头，以大庆和齐齐哈尔等为区域骨干，打造成黑龙江省经济实力最强、工业化水平最高、经济辐射力最大、科技人才优势最明显、可供开发利用土地资源丰富的地区。突出冰雪、生态、边疆等北国特色，实现从资源大省向旅游经济大省的转变。黑龙江省经济发展政策改革的转变方针推动了黑龙江省冰雪旅游文化产业，成为产业动力源泉和催化剂，促进了相关政策、人力资源规划的出台，增加了社会效益，提升了品牌文化，起到了举足轻重的积极影响。

二、冰雪旅游文化产业的现行政策及实施效果

1. 财税扶持政策拉动效应明显

（1）财政扶持政策。主要内容包括：一是财政部制定的《2009年地方政府债券预算管理办法》（财预〔2009〕21号），规定债券资金纳入预算程序和方法，切实加强对地方政府债券收支的管理和监督，提高资金管理的科学化、精细化水平，最大限度地发挥资金使用效益；二是调整地方财政资金的支持方向，重点加大对文化产业专项资金支持力度，鼓励金融机构增加贷款规模，促进文化产业创新和升级；三是停止征收部分行政事业性收费，有效地减轻企业负担。

黑龙江省针对冰雪旅游文化业的扶持政策推动了产业迅速发展，但由于资金有限，能够得到资金支持的企业所占的比例非常低，特别是中小企业更加难以从中受益。而由政府出资的公共服务性质的冰雪旅游文化机构，单独依靠政府的资助同样很难生存下去，无法维持服务运转及日常开销。财政投入所占比重少，有碍于冰雪旅游文化产业发展。

（2）税收扶持政策的内容。主要包括：①增值税与营业税方面。从事相关冰雪旅游文化电影制片、发行、放映的企业取得的收入免征营业税和增值税，冰雪纪念馆、博物馆、文化馆等举办文化活动的门票收入免征营业税，黑龙江省国家及地方税务局开展营业税改征增值税试点范围包括文化创意服务。②所得税方面。小型微利企业，减按20%的税率征收企业所得税，年应税销售额低于3万元其所得减按50%计入应纳税所得额；通过研究开发活动创造性运用新知识，或实质性改进技术、工艺、服务，取得有价值的成果，对地区、行业有推动作用的，可以按照无形资产的150%加计扣除。③个人所得税方面。省级、国家级和解放军等单位，以及外国组织的冰雪文化、体育、技术等方面的奖金免征个人所得税；大专院校国际交流项目来华工作两年以内的冰雪文化教育专家，免征个人所得税。

2. 产业政策助推冰雪旅游文化产业融合发展

目前，现行的产业政策已经开始强调文化产业与旅游产业的重要性，深化社会各界对其产业内涵、产业特性及产业运营状况的认识，提高对其发展

的重视程度，这在一定程度上推动了黑龙江省冰雪事业。在相关政策表述中强调文旅融合的发展方向，《贯彻落实国务院关于加快发展旅游业意见重点工作分工方案》和《文化部"十二五"时期文化改革发展规划》就分别从旅游和文化的角度提出了文旅融合的构想。

在国家政策的推动下，《黑龙江省"十二五"规划》、省文化厅《支持文化体制改革文化产业发展》，筹划建立"文化产业发展投资基金"，同样致力于推动产业融合，在这样的形式下，黑龙江省冰雪旅游文化产业正在努力营造宽松自由的文化环境，鼓励多种形式的文化创新。只有富于特色和创新能力的文化产业才能与旅游产业更好地融合，进而形成优质的文化旅游产品，打造友好的旅游环境，以开放的姿态走向世界。2009年的世界大学生冬季运动会成功向世界推介了黑龙江的冰雪旅游文化，是文化产业与冰雪旅游产业相融合的经典案例。

黑龙江省大力发展冰雪体育旅游文化产业，形成冰雪经贸文化、冰雪节庆文化、冰雪赛事文化于一体的综合产业；将冰雪体育旅游文化品牌塑造工程、培育文化市场主体、加强产业政策扶持，纳入黑龙江省重点工程。政府新建40余个冰雪旅游文化公园、艺术馆和博物馆；率先推出《黑龙江省旅游滑雪场质量等级评定细则》，已有220家滑雪场达标，规范雪场建设和服务，提升了滑雪旅游的市场形象和市场竞争力；黑龙江省冰雪文化场馆面积已达到国家一级场馆标准，可促进冰雪产业健康持续快速发展。

黑龙江省对于推动建立重点文化产业园区，陆续提出意见：一是对于符合要求的文化产业园区，按照其当年对园区实际投入资金的3%给予奖励，最高奖励金额达到500万元，专项用于园区建设、项目资助和贷款贴息；二是对于入驻园区的重点文化产业企业，入驻前三年可最高给予500平方米以下部分免房租、500~1000平方米部分房租减半资助，入驻企业第一年最高可按新增地方财税贡献的30~90%予以奖励，后2~5年最高可按新增地方财税贡献的20~50%予以奖励。冰雪产业与省市文广新局签订合作协议，管理制度齐全、经营行为规范的行业协会，对冰雪旅游文化产业发展做出突出贡献的，完成协议规定的目标任务的，按照实际投入的服务支出10%~30%的比例给予补助。

3. 人力资源政策带动闲置劳动力就业

强化人力资源政策重在整合各级各类教育资源，黑龙江省政府大力鼓励开办冰雪体育旅游文化学校和冰雪体育旅游文化特色专业，作为冰雪体育旅游文化人才培养基地；定期定向选拔有潜力的青年冰雪体育旅游文化人才，赴国内外文体艺术院校、大型冰雪旅游文化集团等地学习考察、研修深造，重点培养高级冰雪旅游文化经营管理人才、经纪人才；重点推行冰雪体育旅游文化人才共享工程，鼓励和支持采取高薪聘用、客座制等多种方式，面向国内外，引进高层次的冰雪体育旅游文化专业人才；建立与冰雪文化产业发展规律及市场经济规律相适应的激励机制，采取知识、技术和管理等生产要素机制，期权分配机制，重奖有突出贡献的冰雪旅游文化人才；对在冰雪文学艺术、社科、新闻出版、广播影视等领域做出突出贡献的冰雪工作者给予表彰奖励。

冰雪体育旅游文化产业属于全面综合性的服务行业，在解决就业问题方面，具有不可替代的作用。在当前和今后的时期内，就业问题是经济社会发展过程中存在的棘手和亟待解决的问题。在逐年增加的就业人数中，黑龙江省的失业率仍在5%以内。冰雪体育旅游文化产业具有就业门槛低、综合动性强、需求量广泛、包容性强、就业方式灵活等特点，正在逐渐成为解决就业问题的主要途径和方法。冰雪体育旅游文化产业可以带动的产业，从交通运输、餐饮住宿、文体娱乐、工程建筑到教育卫生等，产业发展和市场经济的产生，产业聚集及相互促进作用随之明显起来。据黑龙江省统计协会的粗略核算，当冰雪体育旅游文化产业每增加一个直接就业的机会，社会就将增加个间接的就业机会。因此，黑龙江省冰雪体育旅游文化产业的发展，对解决黑龙江省劳动力供给问题和增加黑龙江省人才流失问题具有非常重要的作用。

4. 文化政策提升冰雪文化产业集聚效应

国家政策是促进产业发展的制度保障，主要从两个方面影响冰雪体育旅游文化产业。

（1）出台支持政策，促进产业发展。良好的政策支持是促进冰雪体育旅游文化产业又好又快发展的关键因素，2008年金融危机以来，我国不断加大产业发展的政策刺激，出台了以下三个重要政策文件。2009年7月22日，国务院常务会议通过了中华人民共和国成立以来第一份《文化产业振兴规划》，是继2008年金融危机以来出台的第十一个产业振兴规划。2011年3月，中华人民共和国十一届全国人民代表大会第四次会议通过了《中华人民共和国国民经济和社会发展第十二个五年规划纲要》，提出了要推动文化产业成为国民经济支柱性产业，增强文化产业整体实力和竞争力。具体内容包括：对入选"全国文化企业30强"的企业，最高可给予800万元的一次性奖励；对黑龙江省文化产业示范企业，根据其贡献程度给予一定奖励；对世界500强及全国冰雪旅游文化产业相关企业50强的知名文化企业，在黑龙江省设立的具有独立法人资格的冰雪旅游文化相关企业，注册资本5 000万元以上的，可给予100万元至500万元的一次性奖励；对企业应纳税所得额连续3年超过5 000万元的文化企业，按照企业实际缴纳企业所得税额部分给予奖励，最高奖励可达到300万元；对企业投资占总投资30％以上的，经过黑龙江省立项并报备有关主管部门，具有自主知识产权的冰雪旅游文化产品，按规定给予一定奖励。

（2）改革行业管制模式，放松对文化产业发展的束缚。近年来，我国对文化产业的管制模式，从严格限制型向放松管制型转变，政府慢慢结束扮演管制者的角色，并逐渐从干预市场发展的角色转变为遵循市场、技术、消费者和公民意愿的角色。《国家"十二五"文化改革发展规划纲要》中提出完善统一、开放、竞争、有序的现代文化市场体系，加快推进不同规模等级的冰雪旅游文化机构组织结合，加快行业融合步伐及产业聚集效应，进行整体化、全面化发展。

（3）融资政策积极推动冰雪产业资本流入。

2013年7月，国务院办公厅发布《国务院办公厅关于金融支持经济结构调整和转型升级的指导意见》，2014年3月14日，国务院颁布了《国务院关于推进文化创意和设计服务与相关产业融合发展的若干意见》，为了进一步改进和提升对我国文化产业的金融服务，包括支持冰雪旅游文化产业振兴和繁荣，辅佐这类方兴未艾的上升产业。在指导和意见的带领下，黑龙江省政府更加鼓励冰雪旅游文化产业去金融市场获取资金支持。

在市场化背景下，金融市场有着举足轻重的地位和作用。以众多的冰雪场馆为例，如果没有能够取得足够的资金建设运营，产业的发展必将会受到限制，政府鼓励冰雪旅游文化企业到金融市场寻求资本支持，依靠强有力的金融市场来支撑冰雪旅游文化产业的发展。每一届冰雪大世界、太阳岛雪博会等的胜利召开、完美闭幕都是在向各界表明这冰雪旅游文化产业的后劲力量。一概而论，黑龙江省冰雪旅游文化产业的振兴与政府金融政策的推动是分不开的。

依照2013年8月国务院颁布的《国务院办公厅关于金融支持小微企业发展的实施意见》要求，黑龙江省政府做出安排，确保实现小微企业贷款增速和增量的目标，创新小微企业金融服务方式，着力强化对小微企业的增信服务和信息服务，积极发展小型金融机构，大力拓展小微企业直接融资渠道，切实降低小微企业融资成本等。

增加债券市场规模，提高债券市场化程度，运用债券托管体系和交易系统基础建设，大幅扩充包括冰雪旅游文化产业在内的企业债券融资规模；增加多种债券品种，促使债券融资逐渐成为冰雪旅游文化产业融资的重要渠道。其中包括以下几种措施。

实施金融创新。黑龙江省政府助推的金融超市，作为创新融资工具，提供股权与债券相结合的多种融资服务，为冰雪旅游文化企业发展提供全方位的金融支持，扩大抵押品范围，创新担保模式，允许冰雪旅游文化企业以技术专利等知识产权作为抵押担保，担保限制也从有限责任扩展到个体企业家。

设立冰雪文化产业投融资基金。至少每年投入1 000万元建设基金，运用于冰雪旅游文化产业投融资体系建设，鼓励国有资本和社会资本参与设立股权投资基金，推动风投企业扩张对黑龙江省冰雪旅游文化企业和产业项目进行风险投资。

建立担保机构融资担保补贴。为冰雪旅游文化企业提供担保的融资性机构，每年根据其提供的融资性担保的年均担保额给予1％～3％的补贴，对单一担保机构的最高补贴金额不得超过其实收资本的10％，最高补助金额可达到200万元。

实行融资费用补贴。对黑龙江省冰雪企业发行中长期债券和票据的，按其实际融资金额给予不少于2‰的费用补贴，最高给予100万元的融资费用补贴。

给予上市补贴。对于在境内主板、中小板、创业板和纽交所等符合规定上市要求的冰雪旅游文化企业，最高给予200万元的上市补贴；对在境外其他资本市场上市的黑龙江省冰雪旅游文化企业，最高给予100万元的上市补贴。

三、冰雪旅游文化产业政策问题的成因

1. 冰雪旅游文化产业财力不足

黑龙江省文化产业起步晚，冰雪旅游文化产业作为其分支，发展受到严重的限制，黑龙江省政府对于冰雪旅游文化产业发展的未来关注度较弱，缺少财力资金。政府关注更多地体现在企业上，政策手段较少，相应的配套政策支持也没有体现出来，在冰雪文化产业的硬件提升方面，以及来自冰雪旅游文化内在更多的竞争方面，无论是从资金的投入，还是在当前环境下的有力政策投入实施、运行监督、追加评定等，宣传力度和重视程度都不甚理想。

在冰雪环境、冰雪文化、冰雪旅游融合的背景下，树立独特形象，以及有代表性的黑龙江冰雪旅游文化产业，与国内甚至是国外的体育产业竞争，财政资金运用不可小视。黑龙江省政府缺少整体规划与区域整合发展理念，缺乏集合政府资金意识，缺乏在利用范围内发展冰雪旅游文化产业的前瞻性，政府对产业发展的财力支持不足导致冰雪旅游文化产业发展缓慢，整体滞后，不利于产业步伐向前大阔步行进。

2. 教育机构对冰雪人才重视不足

我国具有冰雪旅游文化类专业设置的院校较少，在仅有的少数院校教育机构中，存在忽视此类专业，不重视专业人才规划的现象。主要体现在专业设置类别较少且不明确，目前仅涉及冰雪运动类、冰雪雕塑类、冰雪表演类，以及与其他分支有交集的专业，如冰雪旅游类、冰雪驾驶类、冰雪建筑类。而且专业性太高，如速度滑冰、滑雪类，完全以专业比赛为目标培养的人才，难以突出专业特点，应培养具有专业优势的冰雪旅游文化人才。

专业结构设置滞后于冰雪旅游文化产业的发展，灵活性和适应性较差，

许多新型学科、边缘学科几乎不编制进专业课程设置体系中去，抑制了人才自由发展的空间，不利于培养适合时代发展、具有创新能力的高素质人才。另外，当前的专业学习重点专制，依据不同专业分别重视实践、理论，未能将理论与实践结合起来进行开展，既有碍理论创新，又抑制了实践活动的拓展，在相当大的程度上影响了专业人才的培养质量和效果。政府应当为产业保驾护航，提供资源，制定适合的人才培养政策。

3. 缺乏对冰雪旅游文化产业投融资的有效激励

政府在金融政策方面对冰雪旅游文化产业的推动尚未带动产业前进的速度，主要是由于政府在投融资政策上存在不足，落实不到位，具体的政策项目尚有遗漏。究其原因，政府对于金融政策的推动力度薄弱，政策制定、政策出台顺利，但是没有有效的推行。政策贯彻实施是选择、制定策略目标的具体体现。

冰雪旅游文化企业投资风险高，大众参与度较弱，持续经营受到影响，创新能力不强，资本市场对冰雪旅游文化产业的支持力度有限。大多数企业尚未形成成熟的盈利模式，规模尚小，受到季节等因素的影响，很多企业并非单独从事冰雪旅游文化产业的经营业务，难以被投资者接受，而且冰雪旅游文化企业因缺少科技含量和专利难以获得上市融资的资格。政府部门没有引起高度重视，金融政策缺乏合理的资源调配，对金融工具和产品的运用监督工作不对称。货币政策、证券市场政策、保险政策等的涉入较少，黑龙江省冰雪旅游文化产业处在加快发展的战略时期，金融政策缺少有效的着眼点。

4. 冰雪旅游文化产业政策间的相容性弱

现行政策更多地注重政策本身，缺少政策之间的相关相容性。财政政策从大范围的角度制定宏观的、促进发展的政策；税收政策中，较少涉及专门的对于其他政策扶持产业的优惠措施、减免税等事项，没有针对冰雪旅游文化产业的单独行使的政策导向措施；金融政策中多与市场机制较强的企业合作，政策制定中对于新兴、正在扩张的产业的推动政策较为欠缺。

黑龙江省冰雪旅游文化产业在成长过程中，相关政策促进发展的角度不同，政策扶持措施缺乏可行性交叉，使产业的步调以相对较慢速度扩展，单独一方面的政策支撑不足以令产业顺利行进，产业容易受到其他政策的制约和阻碍，只有当各项相关冰雪旅游文化产业的政策都能够对产业项目起到促进作用，在支持发展中存在相应的共同助推的政策优惠时，才能加快冰雪旅游文化产业崛起。目前，政策分析、选择、制定、执行过程中，缺少有效的交集，难以扶持冰雪旅游文化产业。

5.尚未形成有力的冰雪旅游文化

产业发展最具魅力的地方是其文化，弘扬冰雪文化、传播冰雪文化，既能够保护和传承民族文化，又增添了冰雪旅游文化产业内容，提升了冰雪文化经济价值。黑龙江省的冰雪资源已经在全国乃至世界享有盛誉，但资源本身没有带动产业发展的力量，只有当其与文化完美结合之后才能走入人们心中，黑龙江省冰雪旅游文化的内涵才能够得到意想不到的膨胀。

文化是具有强大的带动性和引领性的，而黑龙江省欠缺彰显冰雪价值的文化，文化氛围较弱，冰雪旅游文化缺少文化内涵。

黑龙江省的冰雪活动分布不均，主要集中在哈尔滨地区，不利于整个地区的发展和促进冰雪旅游文化产业的产业升级。总体上讲，黑龙江地区的活动数量不足，范围较小，国际型的品牌活动应当继续开展，扩大黑龙江省的冰雪影响力度。

第二节　吉林省冰雪体育旅游业的发展现状及对策研究

一、吉林省冰雪体育旅游业的发展现状分析

1.吉林省冰雪体育旅游项目的开发现状分析

（1）冰雪休闲娱乐体育项目的开发现状。

冰雪休闲娱乐体育项目是冬季冰雪体育旅游项目的主要内容，也是所有冬季冰雪体育旅游的重要载体，各种冰雪休闲娱乐体育项目具有很强的体验性、观赏性和娱乐性，丰富多彩的休闲娱乐项目能够让游客深度地体验和理解冰雪的乐趣和冰雪文化的内涵。目前，吉林省各冰雪娱乐场所都根据自身情况开发了丰富的冰雪休闲娱乐项目，包括多种形式的滑雪、滑冰体育活

动和雪橇、冰橇、冰上碰碰车、冰上自行车、雪上摩托车、冰上摩托车、雪地保龄球、冰爹、雪上飞碟、雪地足球、雪地欢乐球、打雪仗、冬泳、冰滑梯、狗拉雪橇、鹿拉雪橇等休闲娱乐项目。

在滑雪和滑冰这类体育运动项目当中，当前吉林省各雪场、冰场除了速度滑冰、高山速降滑雪等传统冰雪项目，近年来花样滑冰、冰球、越野滑雪、单板速降、单板自由式、双板自由式等专业比赛项目也开始走入各滑雪场和冰场，使得普通游客也能亲身体验专业冰雪项目的魅力。同时，随着人们生活水平的提高，健康、休闲意识的增强，近年来各冰雪娱乐场所大力开发冰雪休闲娱乐项目，以满足外来游客和本地人群娱乐的需要，诸如冰车、冰陀螺、雪地足球、冰滑梯、狗拉雪橇、打雪仗、冬泳、鹿拉雪橇等传统冰雪娱乐项目重新进入娱乐场所，冰上碰碰车、冰上自行车、雪上摩托、冰上摩托、雪上保龄球、雪上飞碟、雪地欢乐球等新的冰雪项目也成为各冰雪娱乐场所的必备娱乐项目。

（2）民族传统型项目的开发。

吉林省是一个众多少数民族聚居的省份，省内除汉族外，朝鲜族、满族、蒙古族也是吉林省主要的少数民族。这三个少数民族都是东北地区土生土长的少数民族，千百年来一直生存繁衍在东北这片土地上，也形成了以冰雪为核心的风俗文化，这其中也包含着丰富的冰雪体育资源和文化。从体育旅游资源来看，每个少数民族都有与其民族文化和民族特色相关的体育休闲娱乐项目和文化资源。

朝鲜族体育旅游人文资源：吉林省是中国朝鲜族的聚居中心，朝鲜族人口占全国朝鲜族人口的60%。朝鲜族人口主要集中在延边朝鲜族自治州（以下简称"延边州"），延边州共有人口约217万人，朝鲜族占全州人口总数的39%，是吉林省乃至全国最大的朝鲜族聚居区。在延边州的旅游规划当中明确以朝鲜族民族特色旅游为重点，推出了独具特色的"长白山自然风光、朝鲜族民俗风情、中朝俄边境风貌"三大旅游产品。其中，朝鲜族民族特色的体育旅游项目是延边州旅游产品的主要项目。朝鲜族传统的荡秋千、跳板、顶瓮竞走、朝鲜族摔跤、足球等体育项目得到推广和发展，同时这些体育项目也被融入冰雪旅游当中。

满族体育旅游人文资源：吉林省是满族的发祥地，至今仍保存着大量的满族历史文化遗产，其中包括各种满族的民族传统体育项目。满族自古以来就是骁勇善战的民族，历来重视体育的发展，在清初和清朝鼎盛时期，"国语骑射"是当时的基本国策之一。在满族不断发展壮大的过程中形成并保存了众多的民族体育项目，其中冰雪体育项目是满族传统体育的重要内容。由于东北地区冬季漫长，冰雪资源丰富，因此滑冰、滑雪是满族传统体育的重要内容。在清朝时期，上至皇宫大内下至农村乡野，每到冬季都会自发地开展各种冰雪体育活动，如跑冰鞋、滑冰车、抽冰陀螺、冰戏、冰嬉、冰上足球、溜冰、踢行头雪地走、跑冰排等都是满族的传统冰雪体育项目。同时，狩猎、赛呼威（赛舟）、抓嘎拉哈、珍珠球等满族传统体育项目也受到人们的广泛欢迎。

吉林省最负盛名的满族聚居地是乌拉街满族镇，这里的雾凇景观、满族历史文化博物馆、满族风情园等一系列的满族民俗风情旅游，向世人展示着满族的文化和风情。在满族风情园，人们能够体验到松花江垂钓、渔猎、跑冰排、赛呼威（赛舟）、抓嘎拉哈、珍珠球、漂流等满族特色体育活动。

蒙古族体育旅游人文资源：蒙古族是吉林省的第三大少数民族，主要分布于松原市前郭县，这里以中国"第七大淡水湖"——查干湖和特色的湿地、草原自然景观带而闻名于世，查干湖冬捕和蒙古族民俗风情游是这里的旅游标签。每年一月份的查干湖冬捕节，神秘的祭湖仪式和"冰湖腾鱼"的壮观场面都吸引了众多的国内外游客前来观赏。同时，查干湖旅游度假区还开发建设了许多蒙古族风情景观，游客可以亲自体验骑马、摔跤、射箭、投掷布鲁等蒙古族特色体育活动。

（3）吉林省冰雪体育旅游节的开发。

近年来，在全国范围内，各种以冰雪体育旅游为主题的嘉年华活动不断涌现，内容丰富多彩，形式多样的体育旅游节日是宣传城市形象、汇聚人群、推动冰雪体育旅游业健康可持续发展的重要途径。作为冰雪资源丰富的省份，多年来，吉林省一直依托自身的冰雪优势和长处，打造了闻名世界的冰雪体育旅游节。

目前，吉林省共有五个具有世界影响力的冰雪体育节，其中吉林国际雾凇冰雪节已经有30年的历史，是吉林省历史最悠久的冰雪体育节；中国长春冰雪旅游节从1998年至今也有23年的历史，特别是从2003年开始，长春市人民政府与瑞典诺迪维公司共同举办的净月潭瓦萨国际滑雪节，使得中国成为继美国、瑞典、日本之后第四个举办瓦萨滑雪赛的国家，大大地提高了中国长春冰雪旅游节在世界上的地位，吸引了众多国内外冰雪体育爱好者和游客前来观光体验；以具有民族特色的"祭湖·醒网"仪式、观鱼、赏雪和民俗体验系列游等为主要内容的中国·吉林查干湖冰雪渔猎文化旅游节至今也举办了20届；同时，为了推广冰雪体育旅游、宣传城市和景区，2013年万达长白山国际度假区和延吉市政府分别举办了"万达·长白山中国滑雪节"和"吉林·延吉长白山国际冰雪旅游节"。这些冰雪盛会向全世界展示了一个生机勃勃的吉林，让更多的人了解了吉林，为吉林省冰雪体育旅游业的开发和发展发挥了积极的推动作用。

2. 吉林省冰雪体育旅游资源现状分析

（1）吉林省冰雪体育旅游的自然资源。

吉林省地处我国东北三省的腹地，在东经121°38′~131°18′，北纬40°52′~46°18′之间，属于温带大陆性季风气候，冬季每天的平均温度为-15℃，雪资源可利用时间在3~4个月，长白山地区每年冰雪覆盖的时间可以长达6个月以上。同时，吉林省地处我国东北中部，气温适中，冰雪质量的软硬度非常适合冰雪运动的开展，为冰雪体育旅游的开展提供了得天独厚的自然基础。境内拥有长白山、雾凇岛、查干湖等天然的冰雪旅游场所，有北大湖滑雪场、万达长白山滑雪场、万科松花湖滑雪场、净月潭滑雪场等世界知名滑雪场所，有"长白仰学""冰湖腾鱼""寒江雪柳"等奇异的自然景观。可见，吉林省开展冰雪体育旅游的自然资源非常丰富，特别是在发展冰雪体育旅游、温泉度假旅游、生态观光旅游等方面具有较大的开发潜力和发展优势，丰富的冰雪体育旅游自然资源也为吉林省旅游业在市场竞争中提供了良好的硬件基础。

（2）吉林省冰雪体育旅游的历史人文资源。

吉林省是一个多民族聚居的省份，境内共有55个少数民族，拥有长白朝鲜族自治县、延边朝鲜族自治州、前郭尔罗斯蒙古族自治县和伊通满族自治县等4个少数民族自治州/县，作为满族的发祥地、全国最大的朝鲜族人民聚居区和高句丽文明的遗址（通化集安），吉林省拥有丰富的历史人文资源。依托丰富的历史人文资源和优越的地理、自然环境，吉林省初步形成了长白山、吉林雾凇、集安高句丽古迹、长影世纪城等四大旅游精品和以雾凇冰雪、民俗风情、边境风光、电影文化、工业旅游、观光农业、会展节庆、绿色生态等为特色的十大特色旅游产品。

以特色的美食、歌舞表演，以及家庭生活体验为主要内容的朝鲜族民俗文化，流传于永吉乌拉街、长白山、伊通等地的萨满文化和满族风情等民族风情旅游项目，以四平市叶赫那拉古城、世界文化遗产集安市高句丽古迹、农安县辽金古塔、敦化市渤海时代文物、靖宇县东北抗日联军文物、长春市伪满洲国皇宫博物院殖民遗址等为代表历史文化旅游项目，为吉林省冰雪体育旅游的发展提供了丰富的历史人文资源，也是其开展冰雪体育旅游活动的人文优势所在。

（3）吉林省冰雪体育旅游的基础设施现状分析。

滑雪场和冰雪休闲娱乐场所是冰雪体育旅游的基础，经过这么多年的建设和发展，吉林省目前已经建成了全面的冰雪体育旅游服务体系，全省开展滑雪体验的市、县、区达到27个，已建成有一定规模的滑雪场30座，滑雪场和与之配套合作的各种旅游接待、服务设施逐步完善，能够为各类冰雪爱好者提供最优的服务。

吉林省旅游局公布的冰雪旅游产品中，大小滑雪场和冰雪娱乐场所共25处（长春市5处，吉林市7处，白山市2处，通化市2处，辽源市2处，延边州5处，长白山2处），其中包括万科松花湖国际旅游度假区滑雪场、北大壶度假区滑雪场、万达长白山国际旅游度假区滑雪场等3个集滑雪、运动、休闲、度假于一体的综合体育旅游中心。这25个滑雪和冰雪休闲娱乐场所是吉林省冬季冰雪旅游的主要目的地，对吉林省冰雪体育旅游业的不断发展起到了极大的推动作用。

（4）吉林省冰雪体育赛事现状分析。

吉林省是我国竞技体育冰雪项目的运动员的主要培养基地，多年来为国家培养出了众多的冰雪体育人才，在2014年索契冬奥会上，我国运动员共取得3枚金牌、4枚银牌和2枚铜牌、共9枚奖牌,其中吉林省运动员就贡献了2金2银1铜5枚奖牌,占中国队奖牌总数的一半以上,这与吉林省多年来在冰雪项目上的不断努力是分不开的。同时,吉林省是我国的冰雪大省,每年都有众多的冰雪体育比赛在吉林省举办。从1987年至今,吉林省共举办了4次中华人民共和国冬季运动会,1次亚洲冬季运动会,从2003年开始,世界著名滑雪赛事"瓦萨国际越野滑雪节"落户长春并一直举办至今,同时吉林省每年还举办各单项冰雪体育的锦标赛、巡回赛、冠军赛等。借助各重大赛事的给予,吉林省冰雪体育基础设施得到加强,服务质量和宣传力度也随之扩大,因此各种冰雪体育赛事对于吉林省发展冰雪体育旅游业来说,具有极其重要的促进作用。

3. 吉林省冰雪旅游人数和旅游收入现状

旅游人数和旅游收入是衡量一个地区旅游发展状况的主要指标,冬季冰雪体育旅游是吉林省旅游产业的主打品牌。东北三省是我国冬季旅游的主要目的地,每年冬季以冰雪为特色的冰雪旅游产业都吸引着数以亿计的人次来到东北体验冰雪的乐趣。

根据对吉林省旅游局相关资料的分析发现:2005年2月8日至2月15日,全省共接待海内外旅游者145.21万人次,同比增长11.20%;旅游收入6.61亿元人民币,同比增长22.20%。2006年1月28日至2月4日春节黄金周期间,吉林省共接待旅游者156.10万人次,同比增长7.5%;旅游收入7.35亿元人民币,同比增长11.2%,人均花费470.85元人民币,同比增长3.4%。2007年2月19日至2月24日春节黄金周期间,吉林省共接待旅游者167.96万人次,同比增长7.6%;旅游收入8.23亿元人民币,同比增长12%,人均花费490元人民币,同比增长4.1%。全省重点旅游景区旅游接待量明显增加,长白山冬季冰雪旅游形势越来越好,春节黄金周期间共接待游客1.84万人次,门票收入163.59万元,分别比上年增长31%和122.9%。2008年2月6日至2月12日春节黄金周期间,吉林省共接待旅游者201.23万人次,同比增长19.8%;旅游收入10.26亿元人民币,同比增长24.7%;人均花费509.86元人民币,同比增长4.1%。据全省重点旅游景区旅游接待量统计显示,由于长白山西坡景区第一年对游人开放,吸引了更多的游人集聚长白山,成为吉林省冰雪观光游中的热点景区，共接待游客2.04万人次，实现旅游收入174.1万元，同比增长21%和19%；重点旅游景区，如净月潭风景名胜区建设的净月潭瓦萨冰雪乐园，通过越野滑雪、高山滑雪和冰雪雕等群众喜闻乐见的趣味冰雪活动吸引游客，共接待游客2.55万人次，门票收入42.5万元。2009年春节黄金周期间，吉林省共接待旅游者254.15万人次，同比增长26.3%；旅游收入13.98亿元人民币，同比增长36.3%；游客人均花费541.02元人民币，同比增长6.1%。据全省重点旅游景区旅游接待量统计，显示长白山景区共接待游客2.07万人次，实现旅游收入178.6万元；净月潭国家森林公园、伪满皇宫博物院、莲花山滑雪场、长影世纪城四个景区共接待国内外游客4.44万人次，总收入277.29万元，同比增长13.5%。2010年春节黄金周期间，吉林省共接待旅游者316.41万人次，同比增长24.5%；旅游总收入18.18亿元人民币，同比增长30.04%；游客人均花费574.57元人民币，同比增长6.2%；长白山景区共接待游客2.59万人次，实现旅游收入255.4万元，同比分别增长25.1%和43%；净月潭国家森林公园、伪满皇宫博物院、莲花山滑雪场、长影世纪城四个景区共接待国内外游客4.65万人次，总收入290.44万元；北大湖滑雪场接待游客1万人次，实现旅游收入20万元。2011年春节黄金周期间，吉林省共接待旅游者388.95万人次，同比增长22.93%；旅游总收入23.83亿元，同比增长31.07%；游客人均花费612.62元，同比增长6.62%。2012年春节黄金周期间，吉林省共接待旅游者467.13万人次，同比增长20.10%；旅游总收入30.73亿元，同比增长28.96%；游客人均花费657.85元，同比增长7.38%。

2013年春节黄金周期间，吉林省共接待旅游者564.53万人次，同比增长20.85%；旅游总收入41.05亿元，同比增长33.59%；游客人均花费727.22元，同比增长10.55%。国家5A级旅游景区长白山共接待游客3.4万人次，同比增长20%，门票收入357万元，同比增长22%。2014年春节假日期间，吉林省共接待国内外游客667.27万人次，同比增长18.20%，实现旅游总收入51.35亿元，同比增长25.09%；游客人均花费769.55元，同比增长5.83%；长白山景区共接待游客99.27万人次，收入4.19亿元，同比增长26.2%，其中，门票收入近400万元，同比增长5%。

通过上述分析可见，2005—2014年十年间吉林省春节黄金周期间旅游者总人数，从2005年的145.21万人次增长至2014年的667.27万人次，人数增长了4.6倍；旅游总收入从2005年的6.61亿元增长至2014年的51.35亿元，旅游总收入增长了7.8倍；人均消费额从2005年的455.20元增长至2014年的769.55元，人均消费额增长了1.7倍。通过这十年间吉林省的春节黄金周旅游情况统计可以看出，吉林省冰雪旅游整体增长速度较快。

通过吉林省旅游局等相关部门发布的统计信息可知：2006年，吉林省旅游总收入达到275.97亿元人民币，同比增长20.37%，相当于吉林省全省GDP总量的6.57%；2012年吉林省旅游总收入1 178.06亿元，同比增长26.76%，相当于吉林省全省GDP总量的9.87%；2013年吉林省实现旅游总收入1 477.08亿元，同比增长25.38%，相当于吉林省全省GDP总量的11.37%；2014年吉林省实现旅游总收入1 846.79亿元，同比增长25.03%，相当于吉林省全省GDP总量的14.23%。

通过上述分析可知：吉林省旅游总收入从2006年相当于全省GDP总量的6.57%，上升到2014年相当于全省GDP总量的14.23%，证明吉林省的旅游业正在飞速发展，而冰雪旅游作为吉林省旅游产业的主要支柱，给吉林省的发展带来了良好的经济和社会效益，并表现出巨大的发展前景。旅游产业成了吉林省经济的稳定增长点。

4. 吉林省冰雪体育旅游产品开发现状

冰雪体育旅游品牌的打造是保证冰雪体育旅游业可持续发展的重要条件，为了创造冰雪体育的发展环境，打造属于自己的冰雪体育旅游品牌，吉林省的各相关职能部门通力合作，不断加强吉林省冰雪体育旅游产品和品牌的开发和打造，不断扩大影响力。

首先，为了全面贯彻落实《全民健身条例》和《全民健身计划》中体育为经济社会发展服务的宗旨，打造民生体育，构建科学健康的生活方式，促进吉林省冰雪体育产业的持续发展，吉林省体育部门从2012年开始，在全省范围内倾力打造"全民上冰雪"的主题活动。在全省各地举办滑冰、滑雪、冬泳、冬季龙舟、雪地足球、抽冰猴、雪橇、放风筝、健身走等多种多样、独具特色的冬季体育活动，打造冬季全民健身活动品牌。同时，吉林省体育局还采取大力资助冰雪体育活动、搞好冰雪体育活动的策划、办好各项冰雪体育活动启动仪式、组织开展好冰雪体育活动等措施，保障"全民上冰雪"活动的顺利开展。

其次，从2010年开始，吉林省旅游局打造了以"梦幻冰雪，精彩吉林"为主题的吉林省冬季旅游产品向，全国进行宣传和推广吉林省冬季旅游资源。2013年，吉林省旅游局通过整合全省所有的冬季旅游资源，向全社会正式发布了包括冬季冰雪体育旅游特色产品、冬季冰雪旅游特色活动和冬季冰雪旅游特色线路。其中，冬季冰雪旅游特色产品包括：①以冬季长白山北景区、西景区和吉林雾凇岛摄影创作基地、吉林城市雾凇休闲观赏带、吉林阿什哈达郊野雾凇休闲观赏带、桦甸市红石湖雾凇休闲观赏带、吉林市北大壶雾凇休闲观赏带、安图县长白山魔界摄影创作基地、延边八家子仙峰雾凇休闲观赏带、抚松县露水河雾凇观赏带等雾凇观赏区为代表的冰雪观光特色旅游产品；②以净月潭森林公园滑雪场、万科松花湖国际旅游度假区滑雪场、北大壶国际旅游度假区滑雪场、万达长白山国际旅游度假区滑雪场等为代表的25个滑雪健身特色旅游产品；③以御龙温泉旅游度假村、神农庄园温泉旅游度假村、长白山仙人桥温泉旅游度假区等为代表的8个温泉养生特色旅游产品；④以查干湖冬捕、中国朝鲜族民俗风情园为代表的6个民俗风情体验特色旅游产品。冬季冰雪旅游特色活动包括：①中国·长春冰雪旅游节暨净月潭瓦萨国际滑雪节；②中国·吉林国际雾凇冰雪节；③中国·吉林查干湖冬季冰雪渔猎文化旅游节；④"欢乐冰雪，风情延边"冬季冰雪旅游季；⑤万达·长白山新雪乡中国滑雪节等。冬季的冰雪旅游特色线路包括常规线路、省内精品线路、大东北精品线路三大类共11条特色旅游线路。

随着冰雪体育旅游特色产品的开发和冰雪体育旅游文化内涵的不断提升，吉林省冰雪体育旅游产品个性化特征将进一步增强，进而推进吉林省冰雪体育旅游业的发展。

二、吉林省冰雪体育旅游业的发展环境分析

1. 吉林省冰雪体育旅游业发展的内部优势分析

（1）地域优势和自然资源为吉林省冰雪体育旅游业的发展提供了绝佳物质基础。

吉林省地处我国东北平原腹地，在发展冰雪及体育旅游产业方面拥有地域优势。首先，从地理位置来看，吉林省地处东北三省的中间地带，是京哈铁路、公路大动脉的必经之地，同时省内拥有多个机场，其中延吉朝阳川国际机场和白山长白山机场可以直达旅游胜地延边朝鲜族自治州和长白山。以省会长春为中心向外辐射1个多小时的车程就可以到达长春市净月潭森林公园滑雪场、长春市莲花山滑雪场、吉林市北大湖滑雪场、吉林市万科松花湖度假区滑雪场、松原查干湖旅游度假区等几个在全国，甚至全世界都享有盛誉的著名冰雪娱乐场所，再向外辐射3～4个小时的车程便可以到达沈阳、哈尔滨、牡丹江、白城、长白山、延边等地，几乎覆盖了东北三省大部分的冰雪旅游景点和滑雪场。居中的地理位置使得吉林省在发展冰雪体育旅游业方面拥有特殊的区位优势。同时，毗邻俄罗斯和朝鲜的地理位置也为吉林省探索跨国旅游合作、开辟跨国旅游市场创造了良好的区位条件。其次，吉林省在发展冰雪体育旅游业方面的地域优势还表现在吉林省的气候条件。吉林省冬季每天的平均气温在-15℃左右，全年雪资源可以利用的时间在3～4个月，长白山地区全年的冰雪期甚至可以达到6个月以上。适宜的气候条件造就了吉林省优质的雪场和冰雪娱乐场所，同时也为游客提供了户外冰雪娱乐的舒适温度条件。与黑龙江的二龙山、帽儿山、亚布力等许多著名的滑雪娱乐场所相比，吉林省的滑雪场雪质更加细腻松软，气温也更加舒适。

除了地域优势，吉林省丰富的自然资源也为其在冰雪体育旅游业方面的发展提供了绝佳的物质基础。吉林省中东部的丘陵和山地地貌为滑雪场的建造提供了地形优势，并诞生了长白山滑雪场和北大壶滑雪场等一些世界知名的滑雪场地。同时，吉林省还拥有丰富的温泉资源，各旅游区都有温泉度假村，冬日里游客在吉林省不仅能体验冰雪乐趣，还可以享受温泉的滋养。另外，作为中国四大自然奇观之一的吉林市雾凇奇观，也是吉林省特有的冰雪旅游资源，江面水雾缭绕，江岸凇花绽放的美丽景色，每一年都会吸引世界各地的游客来赏凇看雪。吉林省境内的查干湖、松花湖等众多湖泊，也都是吉林省深度开发冰雪体育旅游的优势自然资源。

（2）经济的发展为吉林省冰雪体育旅游业发展奠定了经济基础。

根据吉林省统计信息网的统计数据，"2003年，吉林省GDP为2 662亿元，占全国各省市区的1.87%；随着振兴东北老工业基地各项战略措施的逐步实施，2007年，吉林省GDP总量用四年时间实现了翻一番，达到5285亿元；2011年，吉林省全省GDP总量突破万亿元关口，站上了一个新的台阶；2013年，吉林省GDP已经达到12 981.5亿元，比振兴之初总量超出10 320亿元，吉林省的经济总规模达到了新的高度，占全国各省市区的比重由1.87%上升到2.06%。随着经济的不断发展，吉林省居民收入也稳步提高。以城镇居民人均可支配收入为例，2003年，吉林省城镇居民人均可支配收入为7 005元，居全国各省市区的第21位；2013年，吉林省城镇居民人均可支配收入提高到22 275元，十年间在岗职工工资水平年均增长了14.2%，经营净收入年均增长了15.7%，充分表明经济增长促进了全民就业"。

经济的发展为吉林省旅游产业的发展奠定了经济基础，同时居民收入的增加也对旅游产业的发展有着极大的促进作用。随着人们生活水平的提高，体育旅游这一集休闲娱乐、健身养生于一身的综合性旅游项目，逐渐被人们所认同。近年来，户外运动、冰雪运动的蓬勃兴起，也受到越来越多的关注，为吉林省冰雪体育旅游业的发展提供了巨大的消费市场。

（3）浓厚的历史文化资源是吉林省冰雪体育旅游业发展的重要保障。

吉林省拥有浓厚的历史文化资源，从民族特色来看，吉林省是少数民族聚居的省份，朝鲜族、满族和蒙古族的特色民族冰雪文化资源丰富，延边朝鲜族自治州、吉林乌拉街满族自治县、伊通满族自治县、前郭尔罗斯蒙古族自治县等少数民族聚居地区都纷纷利用民族特色和当地特有的自然资源开发了丰富的冰雪体育旅游资源。同时，吉林市的女真族民俗文化、四平叶赫满族镇民俗文化也有着巨大的深度开发潜力。

同时，被列为世界文化遗产的集安市高句丽历史文化古迹、四平叶赫那拉古城、长春市伪满洲国皇宫博物院殖民遗址、敦化市渤海时代文物、靖宇县东北抗日联军文物等历史遗迹都可以在吉林省开发冰雪体育旅游业方面为其提供物质保障。

（4）丰富多彩的冰雪体育赛事和冰雪体育节促进吉林省冰雪体育旅游业发展。

吉林省是我国的冰雪大省，每年都有众多的冰上和雪上体育赛事在吉林省举办。借助各重大赛事的给予，吉林省冰雪体育基础设施得到加强，服务质量和宣传力度也随之扩大，各项冰雪体育赛事的举办在吉林省发展冰雪体育旅游业方面发挥着重要的促进作用。同时，每年举办的长春净月谭瓦萨国际滑雪节、吉林雾凇国际冰雪节等大型的冰雪体育节对于宣传吉林冰雪体育旅游业，树立吉林省冰雪体育旅游的品牌形象、推进产业的发展和前进具有重要的意义。

2. 吉林省冰雪体育旅游业发展的内部劣势分析

（1）吉林省旅游业规模不大，冰雪体育旅游业发展不平衡。

根据吉林省统计信息网的相关统计，2013年吉林省入境旅游人数为127.35万人次，占全国的比重不到1%，为0.99%，与吉林省人口占全国2.02%的比例也极不相称，旅游外汇收入仅有5.71亿美元，人均在吉林省消费不足500（444）美元，而全国2013年的消费水平高达1 965美元。由此来看，吉林省的旅游规模还不大，吸引外来游客的能力不足，过于依赖本地人群的经营状况不利于冰雪体育旅游业的进一步发展。

根据吉林省旅游局相关统计数据，十年来吉林省旅游业的收入逐年增长，2014年旅游业的总收入达到1 846.79亿元，占全省GDP总量的14.23%。其中，冰雪旅游作为吉林省旅游市场的主打项目，占吉林省2014年旅游总收入三分之一以上。随着全国范围内冰雪体育旅游市场的逐渐兴旺，吉林省也在不断扶持冰雪体育旅游市场的发展。根据相关统计，吉林省冰雪体育旅游的收入大多数是冰雪场所、饮食和住宿等方面的直接收入，但是冰雪体育旅游相关产品市场的开发不够完善，冰雪体育旅游产品收入比重较小，冰雪体育旅游业发展呈不平衡状态。

（2）吉林省冰雪体育旅游产品形式单一，产业链条衔接性差。

多年来，吉林省一直借助地域优势和良好的自然气候条件发展冰雪体育观光旅游，并依靠冰雪体育观光旅游带动吉林省旅游产业的发展。随着人们生活水平的不断提高和健康意识的不断增强，人们对于旅游的需求也从最初的观光需求发展为集观光、休闲、健身、体验于一体的综合性需求，这也就对于传统旅游的内涵有了更加深刻的要求，对于旅游区的服务要求也更高。

从吉林省冰雪体育旅游的发展来看，多年来吉林省在这方面的发展一直停留在观光游的层面,相关配套产品单一。近年来,吉林省逐步认识到旅游产品多样化对于产业整体发展的重要性,因此不断加大在冰雪体育旅游产品方面的开发和投入,并逐步开发出徒步越野、户外露营、民族民俗旅游等形式多样的旅游产品,但是从全省的范围来看,目前省内集滑雪活动、温泉疗养、休闲娱乐、购物、餐饮、住宿等于一体的综合性冰雪体育旅游场所和服务体系,以及形式多样的配套旅游产品还非常欠缺。同时,吉林省各地区冰雪体育旅游产品存在普遍的雷同和模仿的现象,缺乏创新性和各自的特色,也就是说游客去哪个冰雪体育旅游场所能够体验的内容几乎都是一样的,这种情况会大大降低吉林省冰雪体育旅游的吸引力,游客一旦去过一个景区后再去其他相似景区的意义也就不大了。

另外,"吉林省冰雪旅游产业还只限于在滑雪业和冰雪节庆业两方面有所突破,而在冰雪旅游设施生产业、滑雪器材生产业、滑雪装备生产业、冰雪赛事业,以及围绕着冰雪旅游的房地产业、餐饮业、娱乐业、交通运输业、金融业、信息产业等冰雪旅游产业链上的衔接工作上亟待完善,产业整体规划及产业体系建设工作需要重视"。

(3) 吉林省冰雪体育旅游产品缺少知名度,宣传力度不够。

品牌是发展冰雪体育产业的重要助推剂,打造世界知名的冰雪体育旅游品牌对于发展吉林省冰雪体育旅游业来说具有十分重要的意义和作用。吉林省虽然冰雪资源丰富,每年的活动也不少,但是相比之下吉林省在树立旅游品牌方面的意识行动还比较薄弱,缺少具有世界影响力的冰雪体育旅游品牌。以哈尔滨为例,提到哈尔滨人们就会想到"冰雪大世界",而提到"冰灯"人们就会第一时间想到哈尔滨,哈尔滨似乎成了"冰"的代名词,这种品牌效应对于冰雪体育旅游业的发展来说有着非常大的促进作用。而建立这种品牌效应与哈尔滨市多年来坚持不懈的努力工作,不断提高和大力度的宣传推广是密不可分的。

吉林省的长白山冰雪旅游度假区、北大壶滑雪场、吉林市的雾凇景观、松原的查干湖等冰雪旅游品牌在全国范围内都有一定的影响力,但是相对于市标级的冰雪体育旅游品牌来说还有一定的差距,整体品牌效应不足。而这一方面是由于吉林省在宣传方面投入的力度不大,宣传途径较少,另一方面是吉林省对于冰雪体育旅游品牌打造投入的不足。就吉林市的雾凇国际冰雪节、查干湖的冬捕和长春市的瓦萨国际滑雪节而言，多年来在内容和形式上仅仅是简单的重复，缺乏创新性和对于活动内涵的深度开发，进而导致品牌知名度打不开，从而限制了吉林省冰雪体育旅游目的地对外来游客的吸引力。

（4）冰雪体育旅游业经营管理落后、冰雪体育旅游的专业人才缺乏。

近年来，随着冰雪旅游的升温，冰雪体育产业迅速发展，冬季来吉林省旅游的游客数量逐年增加，但是与客流量大幅增加不匹配的是吉林省各冰雪体育娱乐场所的经营管理却没有太多的改变，经营管理的方法和理念陈旧，对于经营管理缺乏科学的宣传规划和统筹引导。各雪场经常出现有时人满为患，游客场地、设备和服务人员供不应求，而有时又门可罗雀，工作人员闲置的情况。同时，各冰雪体育娱乐场所经营的随意性比较强，主题雷同、重复性开发、管理不善等资源浪费情况严重，从而导致吉林省冰雪体育旅游业很难形成体系化、规模化的发展，更加无法深入发展，进而影响了吉林省冰雪体育旅游业整体的竞争力，制约了吉林省冰雪体育旅游业的健康、快速发展。

打造高质量的服务体系，专业的服务人才是重要保障，由于冰雪体育旅游项目季节性很强，冰雪服务人员的职业稳定性较差，人员的专业水平也较低。目前，这一情况在吉林省冰雪体育旅游行业十分普遍，各雪场的滑雪辅导人员和服务人员的主要来源是退役运动员和社会招募人员，其中退役运动员的专业素质自然没问题，但是退役运动员的数量毕竟有限，大多数的滑雪辅导人员都是社会招募人员，他们经过短期的培训就上岗了，很多人根本就不具备进行雪上技术教学的能力，从而影响学习者对雪上技术的掌握。而且滑雪本身就是一项比较危险和有难度的运动，对学习者来说，技术教学不规范，甚至出现较严重的人身伤害，会使滑雪者产生对滑雪运动的恐惧，并将对滑雪运动的推广和发展产生较大的负面作用，从而影响吉林省在冰雪体育旅游业方面的可持续发展。

3. 吉林省冰雪体育旅游业发展的外部机遇分析

（1）国家对于体育产业和旅游业的新政策为吉林省冰雪体育旅游业发展创造了良好机遇。2014年10月20日，国务院印发了《国务院关于加快发展体育产业促进体育消费的若干意见》（国发〔2014〕46号），"这是在我国重要战略机遇期内，在全面建成小康社会和全面深化改革开放进程中，引领我国体育产业发展的重要文件，将有力地促进体育事业和体育产业的全面、协调、可持续发展，推动我国由体育大国向体育强国迈进。《国务院关于加快发展体育产业促进体育消费的若干意见》的出台充分体现了党和国家对调结构、惠民生，加快发展服务业，大力发展体育产业的高度重视，进一步提升了体育产业在国民经济发展中的地位"。可以说《国务院关于加快发展体育产业促进体育消费的若干意见》的出台是我国体育和旅游行业发展的一次具有历史变革意义的事件。

2014年8月9日，国务院制定并印发了《国务院关于促进旅游业改革发展的若干意见》，"《国务院关于促进旅游业改革发展的若干意见》指出旅游业是现代服务业的重要组成部分，带动作用大。加快旅游业改革发展，是适应人民群众消费升级和产业结构调整的必然要求，对于扩就业、增收入，推动中西部发展和贫困地区脱贫致富，促进经济平稳增长和生态环境改善意义重大，对于提高人民生活质量，培育和践行社会主义核心价值观也具有重要作用。《国务院关于促进旅游业改革发展的若干意见》从树立科学旅游观、增强旅游发展动力、拓展旅游发展空间、优化旅游发展环境、完善旅游发展政策等五大方面二十项举措，提出进一步促进旅游业改革发展的各项要求，并公布了重点任务分工及进度安排表"。2015年1月21日，国务院办公厅又公开发布了关于印发《国务院关于促进旅游业改革发展的若干意见》的任务分解表，并要求各地结合《国务院关于促进旅游业改革发展的若干意见》（国发〔2014〕31号）及本地区、本部门工作实际，认真贯彻落实。

从这两份文件可以看出，党和国家对于体育产业和旅游业非常重视，已经将体育产业和旅游业的发展提高到国家战略的层面，并要求各级政府认真贯彻执行。在这样的政策背景之下，吉林省必将迎来冰雪体育旅游业的快速发展机遇。

（2）国民经济的快速增长和百姓发展与享受型消费比重的增加给吉林省冰雪旅游产业带来极大的发展机遇。

2000年，我国国内生产总值（GDP）为99 214亿元，列世界第六位，2012

年上升到519 470亿元，列世界前沿。12年间，国民生产总值增长了5.24倍。

"2012年，城镇居民人均可支配收入达24 565元，全国农村居民家庭人均纯收入达7 917元。城镇和农村居民家庭恩格尔系数分别由2000年的39.4%和49.10%下降到2012年的36.2%和39.3%，分别下降了3.2个百分点和9.8个百分点，恩格尔系数的下降充分体现出城乡居民消费层次和结构发生了变化。2012年，城镇居民发展与享受型消费的比重由2000年的35.8%，增加到2012年的40.0%；农村居民发展与享受型消费的比重由2000年的26.5%，增加到2012年的33.1%。"而通信、交通、娱乐、旅游、医疗保健等发展和享受型消费的提高必定会带动旅游业的发展，对于吉林省冰雪体育旅游业的发展是极大的发展机遇。

（3）我国旅游业的快速发展将带动吉林省冰雪体育旅游业的发展。

根据华中师范大学中国旅游研究院武汉分院发布的《2012中国旅游业发展报告》，"2011年，中国旅游业国际地位显著提升，旅游大国特征日益凸显。国内旅游人数高达26.4亿人次，同比增长12%，国内旅游收入1.93万亿，同比增长21%，成为世界上数量最大、潜力最强的国内旅游市场。2011年，中国大陆共接待国际游客1.35亿人次，国际入境游客规模从1990年的第十二位跃升至全球第三位，成为继法国、美国之后的世界第三大旅游目的地国家"。国际关注度的提高必将带动国内旅游产业的快速发展，对于吉林省冰雪体育旅游业来说，应该不断丰富产品内容、提高服务质量、打造品牌形象，借助全国旅游行业迅速发展的势头，推进吉林省冰雪体育旅游业的快速发展。

4.吉林省冰雪体育旅游业发展的外部挑战分析

（1）来自国际和国内的挑战严峻。

从国际挑战来看，且不说北欧、北美、阿尔卑斯山等世界著名的冰雪圣地，就是在区域的竞争中，吉林省的劣势也非常明显。吉林省在地缘位置上与韩国和日本相邻，韩国和日本都是世界冰雪旅游的强国，冰雪体育旅游起步较早、设施完备，而且冰雪项目的数量和服务水平等方面都优于吉林省。在与日韩的竞争中，吉林省明显处于劣势。

在国内，近邻的辽宁省和黑龙江省是吉林省发展中的最大竞争对手。

黑龙江省是我国冰雪体育旅游业的龙头老大，资源丰富，产业发展也相对完善，在全国的影响力较高；辽宁省相对于吉林省来说，拥有地缘优势和冬季气温的优势。同时，国内很多地区也都在积极地发展以滑雪业为主体的冰雪旅游产业，而这些地方必定分散吉林省冰雪体育旅游的客流，这些挑战都不容小觑。因此，吉林省必须丰富产品内容、提高服务质量、打造品牌形象，才能够在国内的竞争中占据一席之地。

（2）冰雪资源开发与环境保护之间矛盾。

冰雪体育旅游资源的开发主要依赖自然资源，原生态的自然冰雪资源是吸引游客的最大卖点。因此，对于冰雪资源和环境的保护是冰雪体育旅游发展的前提条件。但是在冰雪体育旅游设施的开发建设过程中，游客的大量涌入，以及人们对于冰雪资源的过度消耗等情况，必将对原始生态环境的保护带来巨大的压力。对于吉林省来说，如何处理和平衡冰雪资源开发与环境保护之间的矛盾，将是省内冰雪体育旅游业长期可持续发展的重要挑战。

三、吉林省冰雪体育旅游业的发展策略分析

1. 资源整合，统筹规划

为了摆脱吉林省各冰雪体育旅游场所各自为战、内容重复的局面，应该整合各冰雪体育旅游场所的优势资源，结合各地区的特点，进行统筹规划，发挥吉林省在冰雪体育旅游资源方面的整体优势，形成最优化的产业发展布局。将长白山打造成冰雪自然观光、极限探险、娱乐健身、温泉疗养一体化的冰雪旅游胜地；将长春建设成为集商贸、竞赛、娱乐、节庆于一体的综合性冰雪欢乐之都；发挥吉林市的松、雪优势，整合雾凇景观、松花湖冰雪旅游度假区、北大壶冰雪旅游度假区，将吉林市装扮成另一座冰雪欢乐城；吉林省西部围绕"查干湖冬捕"和蒙古族民族文化，打造充满民族和人文气息的冰雪体育旅游项目；建设"以长春市、吉林市、长白山为核心的中国冰雪体育竞技体育和社会体育活动基地，以长春市为龙头的冰雪旅游装备制造基地，以省内大中城市为重点的冰雪旅游商贸基地，以及依托于省内文物古迹（如集安市的高句丽墓群）和红色教育的冰雪旅游教育基地"。

2. 资源开发与环境保护齐头并进

长白山、松花江、查干湖，满族、蒙古族少数民族文化，集安高句丽等自然、历史人文资源是吉林省开发冰雪体育旅游业依赖的重要资源。各相关地区和部门在进行资源开发时，必须考虑对自然资源和自然、历史文化遗产的有效保护，在开发过程中做好环境破坏、环境污染的预防及排查和历史人文资源的保护，加强环保宣传工作，引导当地居民和游客共同保护吉林省的自然、历史人文资源。

3. 完善冰雪体育旅游产业链

冰雪体育旅游产业主要包括冰雪体验、餐饮、住宿、购物、健身、娱乐、器材和服装等方面的产业发展。当前，吉林省的冰雪体育旅游产业主要就是冰雪体验和娱乐两个方面，在餐饮、住宿、购物，特别是冰雪器材和服装方面发展还比较薄弱。会产生这些问题除了游客的消费能力和消费取向，各冰雪体育旅游景区相关硬件设施和产品不足是主要的原因。针对这一情况，应该加强餐饮、住宿、购物等硬件设施的建设，同时开发滑雪器材、装备、服装等相关产品的制造，完善产业链条，促进产、经、销一体的全方位综合发展。

4. 加强冰雪体育旅游服务体系建设

第一，加强硬件设施建设。各冰雪体育旅游区应加强各自特色冰雪体育项目和冰雪娱乐项目设施的建设，满足游客最基本的需求，让游客"有得玩""愿意玩"。同时，完善餐饮、住宿、购物等硬件设施建设，让游客在旅游区内就能享受全方位服务。

第二，完善冰雪体育旅游接待体系。加强对旅行社、俱乐部等冰雪体育旅游中介机构的扶植，为来吉林省进行冰雪体育旅游的游客提供及时周到的旅游接待服务。同时，在机场、火车站、长途汽车站等交通场所设置旅游服务台，为散客提供咨询、票务、导游等服务。

第三，加强从业人员服务能力的培养。前面已经论述，从业人员服务能力较差是制约吉林省冰雪体育旅游业发展的重要因素之一，因此在发展过程中，应该加强吉林省冰雪体育旅游从业人员的队伍建设，对导游、教练员、活动志愿服务等相关服务人员进行培训，全面提高整体服务水平，为游客提供最优的服务。

第四，加强市场监管，提升服务水平。各级政府主管部门应加强对冰雪体育旅游市场的监管，保证行业的有序竞争和消费者权益受到保护，稳定冰雪体育旅游市场的秩序，全面提升服务水平。

5. 注重品牌建设，加大宣传力度

在对"雾凇""长春瓦萨""北大壶滑雪""长白山滑雪旅游度假区"等现有品牌的经营中，应注重徒步、登山、露营等特色，新兴旅游产品的开发，打造具有世界影响力的冰雪体育旅游品牌，从而提升吉林省冰雪体育旅游的竞争力。同时，拓宽宣传渠道，通过广播电视、网络、纸质媒体等多种宣传渠道，在国内甚至国际范围加大对吉林省冰雪体育旅游业的宣传，让更多的人认识吉林、了解吉林。

6. 注重综合开发，强化冰雪体育旅游设施的全年利用

单纯的冰雪体育旅游企业多数效益不高，甚至亏损，原因是冰雪体育旅游设施及场地存在季节性闲置，缺乏综合利用和全年运营。因此，要在提高冰雪体育旅游设施及场地利用率上下功夫。一是开发夏季旅游观光，把冰雪体育旅游的住宿、餐饮、缆车等设施充分利用起来；二是充分利用滑雪场地，如开发滑草、登山赛、高山冲浪等运动项目，发展种植业，美化和绿化旅游环境；三是开发各类培训项目，特别是滑雪模拟培训、体能训练等。

第三节 辽宁省冰雪体育旅游发展对策研究

一、辽宁省冰雪体育旅游开展现状

辽宁省地理位置优越，四季分明，冬季雪量充足，尤其适合冬季冰雪体育旅游项目的开发。现在人们都开始提倡运动了，在冬季由于天气的限制，除了室内运动，越来越多的人开始参与到冬季户外运动中来，各地区的滑雪场也像雨后的春笋一般，得到了快速的发展。据统计，截至2018年年底，辽宁省已建有滑雪场17家，总计雪道80条，各类单、双滑雪板2.2万余副，雪道总面积超过120万平方米。在辽宁省的滑雪场中，较为知名的滑雪场有辽阳

弓长岭温泉滑雪场、沈阳白清寨滑雪场、沈阳棋盘山滑雪场、沈阳东北亚滑雪场等。辽宁省的滑雪场从规模上小于黑龙江省和吉林省。近年来，沈阳棋盘山冰雪大世界在辽宁省政府的指导与管理下，现已成为国内外冬季冰雪体育旅游知名景区，每年吸引了大量的海内外游客，成为辽宁冬季冰雪体育旅游的金字招牌。每年的冰雪体育旅游节日都在这里开幕，棋盘山冰雪大世界成为主要的会场，届时冰雕和雪雕融入冰雪活动中，使看冰雕的游客不必前往哈尔滨就可以在这里欣赏得到，棋盘山冰雪大世界在2005和2006年分别创下两项雪雕作品的吉尼斯纪录。沈阳白清寨滑雪场、大连林海滑雪场是辽宁省滑雪场所中拥有单板公园的滑雪场，吸引了很多热爱单板技巧的滑雪爱好者。白清寨滑雪场是我国为数不多的可以承办国际自由式滑雪空中技巧比赛场地和单板U型槽的比赛场地之一，是辽宁省唯一可以承接国内外比赛的滑雪场地。辽宁省冰雪体育旅游的消费人群以初学者为主，符合国家高级滑雪道标准的并不多，雪场的硬件设施不完善，雪质一般，但总体客源情况比较不错。

1. 辽宁省冰雪体育旅游消费人群组成情况

辽宁省冰雪体育旅游主要的消费人群是个体业主和学生，主要原因是他们的业余时间比较充裕，生活节奏不是很快，娱乐休闲活动参加得较多，愿意和朋友结伴出行参加体育运动，并且有一定的物质消费基础，同时喜欢接受、学习新鲜的事物，是社会中追求时尚生活的代表。另外，在校学生市场值得引起各雪场的注意，可以针对学生制定优惠条件，提高客流量，学生寒假正是学习滑雪技能的好时期，应成立滑雪速成班面向社会招生，抓住不同时期的有力卖点。

2. 辽宁省冰雪体育旅游消费人群的年龄、性别特征

辽宁省冰雪体育旅游人群中，男性所占比例要明显高于女性，两者分别占68.7%和31.3%。在滑雪人群中，29～45岁的人为滑雪消费主要群体，这是因为滑雪是一项富有挑战性的运动项目，对身体素质和年龄有一定的要求。另外，这一类群体基本上都是上班族，具备一定的经济能力，是冰雪体育旅游消费市场的主力军，应针对这一人群开展特定的营销手段，挖掘潜在客源。15岁以下和16～28岁的群体人数也很多，主要为正在放寒假的学生和儿

童，他们成为仅次于上班族的第二大消费群体，不容忽视。针对这一人群，滑雪场应该多建设适合他们的滑雪场地设施，如娱乐性、趣味性强的项目。

3. 辽宁省冰雪体育旅游参与者月平均收入

随着生活水平的逐渐提高，人们已经不满足于传统式的生活方式，越来越多时尚、健康的运动进入了人们的生活，滑雪旅游这项传统的贵族运动也已悄然进入大众视野，走进大多数人的生活。通过对辽宁省滑雪旅游人群的收入情况调查可以看出，参与滑雪者以月收入在5 000元左右为主，占被调查者的34%。月收入在3 000元左右的滑雪者占被调查者23%，月收入10 000元以上的滑雪者占总人数的18.8%，而月收入在2 000元以下的滑雪者为24.2%，多以学生居多。调查发现，影响冰雪体育旅游的重要因素之一是居民的收入水平，虽然辽宁省参与冰雪体育旅游的消费者大多数收入不错，但学生这一群体经济消费能力还是差一些。所以要制定一些优惠政策条件，尽量符合学生的消费情况，使更多的学生参与到冰雪体育运动中来，这也是提升游客数量的又一股力量。同时，学生人群也是未来潜在的主力消费群体，培养他们的兴趣和热情，对辽宁省以后长期的冰雪体育旅游发展是一件好事。

4. 辽宁省冰雪体育旅游消费者参与组织方式

从调查结果可见，参与滑雪人群的出行选择方式上有以下几个特点。一是组织化程度提高。消费者参加旅行社的比例很高，达到36%，因为旅行社可以提供专业导游来讲解服务流程，并且价格比市场价格便宜，专车接送，大大方便了游客的出行，从这个角度看，旅行社还是有足够的市场空间组织冰雪体育旅游游客的。同时，旅行社之间的相互竞争也为参与滑雪旅游的游客提供了更大的实惠。二是以家庭和朋友为单位的滑雪活动在不断增加。人民生活水平的日益提高，许多敢于挑战、乐于消费、初为父母的"90后"，这一群体本身就是冰雪体育旅游的重要客户来源，在自己消费的同时，他们还会积极地鼓励自己的孩子参与到冰雪体育相关运动项目中，这一现象也充分反映出冰雪体育旅游逐渐家庭化的发展趋势。三是随着政府改革的不断深入和反腐力度的加大，公费旅游情况在不断减少。

5. 冰雪体育旅游消费者使用交通工具情况

冰雪体育旅游消费者使用交通工具的调查结果显示：省内自己开车占省

内消费者交通工具的比例达到了44％，省外为31.5％，反映了人们喜欢自费出游运动的新趋势。省内旅行社的滑雪直通车占28.4％，说明旅行社滑雪直通车开展得比较好，与各大旅行社合作，大大方便了广大滑雪爱好者。飞机和火车的比例最少，说明辽宁省冰雪体育旅游的外来游客不多，主要还是省内游客，这也是以后开发的一个重点方向，注重吸引省外和周边沿海国家的游客。省内公共汽车所占的比例不多，为18.7％，可以看出公交车在服务滑雪场方面较落后，特别是白清寨滑雪场至今仍然未通公交直通车，需要引起有关部门的注意。

6. 消费者对滑雪场不满意，认为需要改进的情况分析

下面笔者分析一些消费者认为辽宁省冰雪体育旅游不好的地方，需要增加或是改进的情况。可以看出，消费者不满意度最高的是服务项目种类少，为31％，消费者普遍认为服务项目比较单一，满足不了消费者的要求。第二个消费者比较不满意的就是滑雪场场地环境建设规模方面，不满意率为19％，剩下的不满意的地方分别是管理服务差为12％、企业宣传为10％、雪道情况差为8.20％、安全措施差为7.80％、消费价格高为6％、交通不便利为5％，这些消费者提出的问题也就是影响冰雪体育旅游发展的问题。辽宁省政府应该针对消费者提出的问题，有针对性地解决，把辽宁省的冰雪体育旅游做得越来越好。

7. 冰雪体育旅游消费者消费动机

辽宁省冰雪体育旅游消费者的消费动机首先是以健身为主，占到了34％，说明人们现在认识到了身体健康的重要性，愿意走出来参与冬季的冰雪体育运动，感受大自然。其次是因为兴趣爱好，喜欢冰雪体育运动，可以看出在辽宁省，冰雪体育运动的群众基础还是比较好的，这也是辽宁省冰雪体育旅游发展的一个好的基础。最后，还有一部分消费者的动机是休闲度假，为19.6％，生活水平的提高，使得人们有能力去享受生活、休闲度假，对生活的品质要求也越来越高。因此，应敏锐地洞察消费者的需求，开发出符合大众需求的服务项目，打造辽宁省的特色服务，如温泉特色、满族文化特色，才能更好地发展辽宁省的冰雪体育旅游。

8. 冰雪体育旅游消费者希望滑雪场提供的服务项目

总体上，消费者在冰雪体育旅游中希望享受和体验不同的项目，比重最大的是冰雪器材服装的租售，说明冰雪体育运动爱好者在器材服装上是比较欠缺的；冰雪主题纪念品的比例为52.3%，这也是一块比较大的潜在消费力；在餐饮、住宿、温泉洗浴、冰雪影视厅上的需求也是比较高的。这些都说明随着经济的发展，人们的消费能力也在不断提高，对这些项目都是有需求的，应适时地发展这些项目来满足消费者，适时开发以冰雪运动为主题，集休闲、度假于一体的全新冰雪体育旅游。由于冰雪体育运动具有一定的技巧性，在聘请教练员上，消费者还是有一定需求的，培养和提高冰雪体育运动教练员的水平与素质，才能更好地为消费者提供服务。

9. 辽宁省冰雪体育旅游消费者的主要消费情况

辽宁省冰雪体育旅游消费者主要的消费情况，最集中的消费是在冰雪运动器材、服装的租赁和购买上。由于冰雪体育运动的特殊性，对运动时的服装和器材有特殊要求，但因为器材的费用比较高，携带也不是很方便，所以很多消费者都没有自己的器材和服装，都是在滑雪场租借。无论是租借还是购买都是一笔不小的费用，但同时这也是我们发展冰雪体育旅游出现的一个商机，即冰雪器材和服装制造，这将是一个很大的利益空间。另一个主要开销就是门票的费用，现在的门票大部分都在100~200元，许多滑雪场和旅行社合作，能推出很多优惠的票价，也极大地减少了消费者的一部分开支。消费者在餐饮、住宿、纪念品的购买，以及娱乐休闲服务上的开销都不是太大，这些是未来冰雪体育旅游发展的一个空间，应转变经营模式，增加除冰雪运动外的其他消费方式，丰富冰雪体育旅游项目，完善消费结构，使冰雪体育旅游成为一个综合性的旅游项目。

10. 冰雪体育旅游消费者选择滑雪场的主要原因

辽宁省冰雪体育旅游消费者在选择目的地时，主要考虑以下几点：一是交通的便捷因素（28%），交通的便捷正是辽宁省冰雪体育旅游的一大优势，各种交通线路方便齐全，但一些滑雪场还需要增加公交线路或是专业的雪场大巴。二是消费价格的因素（23%），现在的各行各业在竞争中都大打价格战，价格的高低势必会影响客流量，制定合理的价格标准，在价格战中获得胜利。三是知名度（17％），一个名气大的滑雪场势必会是消费者游玩时优选的目标，这就是品牌效应，辽宁省的冰雪体育旅游发展必须打造出自己的品牌、自己的特色。四是场地设施条件因素（14％），硬件条件的强大也是辽宁省冰雪体育旅游走强省道路上的重要一步。五是管理服务（10％），良好的管理服务是现在服务行业的一个生命线，只有抓好服务质量才能确保企业更好的发展。六是服务项目（8％），丰富的服务项目是吸引消费者的一大法宝，不断丰富自己的服务项目，针对不同的消费者制定不同种类，与不同年龄、不同性别相适应的服务项目。

11. 辽宁省冰雪体育旅游消费者满意度情况

总体上，辽宁省冰雪体育旅游爱好者对辽宁省冰雪体育旅游的开展还是给予了很高的评价，这既是前进的动力也是压力。政府总结问题积极发展，为冰雪体育消费者提供一个满意的冰雪体育旅游服务，更好地发展好辽宁省的冰雪体育旅游。

二、辽宁省冰雪体育旅游开展的优势

1. 潜在客源丰富，消费者消费能力强

东北地区是全国冰雪体育旅游的胜地，这里冬季天气寒冷，降雪丰富，雪质良好，各种冰雪体育运动项目丰富，是全国冰雪体育爱好者的首选冰雪体育旅游目的地，也是众多业余爱好者喜爱的旅游胜地。由于辽宁省地处东北地区南部，冬季温度适宜，地理位置靠近北京、河北、河南等中原地带，是东北地区重要的交通枢纽、关内进入东北地区的必经之路，也是周边的韩国、日本冰雪体育旅游爱好者来往的最佳路线。辽宁省有着绝佳的地理位置和便捷的交通条件，随着辽宁省冰雪体育旅游发展得越来越好，将来会有大批的冰雪体育旅游爱好者把目的地选在辽宁，冰雪体育旅游潜在客源丰富。2012年，辽宁省每年旅游的接待人数在473.13万人次，同比增长16.73％。辽宁省是东北地区经济比较发达的地区，2014年全省GDP达到了2.86万亿，比上年增长5.8％。冰雪体育运动群众基础好，人们热爱冰雪运动，参与度高。随着我国经济的快速发展，人们生活水平提高，消费能力也大大提升，冰雪体育运动也慢慢脱掉了"贵族运动"的帽子，被越来越多的消费者接受。经济消费能力强，冰雪体育旅游的潜在客源充足，客户基础广泛，文化性特色突出，周边产业多样，这些都是辽宁省开展冰雪体育旅游的一大优势。

2.交通便捷

辽宁省开展冰雪体育旅游，在交通条件上相比冰雪体育旅游开展比较好的黑龙江省和吉林省更具有优势。辽宁省位于东北地区南部，是东北三省经济、政治、文化的中心，是关内进入东北地区的必经之路，交通四通八达，外地游客前往东北体验冰雪体育旅游，辽宁省可谓是冰雪体育旅游的第一站。辽宁省铁路密度位居全国首位，共有铁路干线、支线57条，包括沈丹、长大、沈山、沈吉等，并且哈大高铁于2012年通车，实现了东北地区主要城市高铁贯通，东北地区当天都可以往返。以沈阳为枢纽向四周辐射，前往北京、上海，以及南方各大城市都有列车，2015年3月还开通了沈阳到三亚的旅游专线，达到来往全国各大城市铁路线路全部贯通，为广大冰雪体育旅游爱好者提供了最便捷的交通出行。辽宁省的高速公路建设发展非常迅猛，发展至今，辽宁省内高速公路建设共完成了4 200千米，实现了我省96％的市县（区）通上高速，开通了省际所有高速公路，甚至基本已经达到了发达国家高路网的覆盖面积。辽宁省主要机场有：沈阳桃仙国际机场、大连周水子国际机场。全国各个省份主要城市均有通航，周边国家的韩国、日本、新加坡等航班密集，而且线路时间短、费用低。海路：辽宁有多个沿海城市，营口、丹东、大连都有客船通航，大连更是全国著名的港口城市，往来韩国、日本、山东的客船频繁，并且十分方便，为冰雪爱好者的出行节省了大量的时间。形成快捷立体的现代海陆空交通体系，对于来辽宁省体验冰雪体育旅游的消费者来说在线路、时间、经济性上都是最佳的选择，为前来辽宁省体验冰雪体育旅游的消费者提供了极为方便、快捷、高效的出行条件。良好的交通条件是发展的必要条件，也是辽宁省在东北地区发展好冰雪体育旅游的最主要优势。近年来，辽宁省的部分滑雪场都开通了滑雪场直通车，各个滑雪场的公交线路齐全，国内外冰雪体育旅游爱好者前来辽宁省体验冰雪体育旅游时，可以在交通上得到最大的方便。

3.温泉特色与民族特色文化优势

辽宁省是温泉大省，近年来，辽宁省政府和省旅游局开始重点发展温泉旅游项目，确定要打造我国温泉旅游强省。截至2012年，辽宁省已经发现可以用作开发的温泉资源不少于120处，在全国温泉资源省份中排名较为靠前。不仅仅是资源丰富，更重要的是这些温泉资源的品质是上乘的。辽宁省多以硫黄温泉为主，其中最有名气的当属辽阳汤河温泉区，那里的温泉质量可以与法国维希矿泉相比；还有鞍山市的汤岗子温泉，那里温泉的重要功效是治疗风湿等疾病，现已成为我们国家温泉康复理疗中心之一。把优质的温泉与冰雪体育旅游相结合，让人们在享受冰雪体育运动带来的寒冷和刺激后，能在冬日里享受温泉带来的温暖，打造辽宁省冰雪体育旅游温泉特色。辽宁省是一个多民族的地区，主要有满族、朝鲜族、汉族，不同的民族有着不同的民族文化特色。辽宁省是满族的发源地，有着浓厚的满族文化底蕴，借助满族的民族文化特色发展辽宁省冰雪体育旅游是一大特色。把辽宁省满族文化特色与冰雪体育旅游相结合，如在冰雪体育旅游时提供满族服饰摄影、满族饮食文化的满族"八大碗"、有关满族特色的冰雪体育旅游纪念品等。还有在辽宁省享受冰雪体育旅游的同时，还可以推广辽宁省其他的文化旅游，如沈阳故宫、张氏帅府等。利用好辽宁省温泉特色与民族文化特色，打造出具有辽宁省特色的冰雪体育旅游品牌，这将是辽宁省发展冰雪体育旅游的一大特色优势。

4. 基础公共服务设施优势

旅游业是综合性产业，关联性、带动性很强，旅游业的发展需要交通运输业、餐饮住宿业、零售业、制造业等很多其他产业的配合，辽宁省在交通、餐饮住宿、电力、通信等各项事业上优势明显，作为全国发展冰雪体育旅游比较早的地区之一，在基础公共服务建设上还是比较完善的。辽宁省是东北地区的经济、政治、文化中心，近年来随着振兴东北老工业基地方针的推出，不仅促进了辽宁省经济的发展，也使辽宁省城市的相关配套基础设施更加完善。2013年，第十二届全国运动会在辽宁省举办，全运会的成功举办也充分地证明了辽宁省在基础公共服务设施上的完善与实力，有了这样全面的硬件条件作为保障，使得冰雪体育旅游爱好者在来到辽宁省享受冰雪体育旅游时，会更加舒适与方便。

5.气候条件优势

辽宁省属于温带大陆季风性气候，地处东北南部，地理位置界于北纬38°43′~43°26′，东经118°53′~125°46′，所处位置与黑龙江、吉林两省相比不会过于偏北，冬季气温稳定适宜，比较适合户外冰雪体育运动。在辽宁省，每年的1月份是温度最低的时候，日平均气温为-10℃左右，2月份天气开始转暖，而相邻的黑龙江省和吉林省的日平均气温为-20℃。寒冷的气候条件对于冰雪体育旅游的消费者来说是个不小的挑战，对于不习惯东北地区严寒气候的南方游客来说更是个不小的挑战，在这样寒冷的条件下，冰雪爱好者在进行户外活动时身体会感到很不适应，如果选择比较厚重的运动服饰势必会影响冰雪爱好者身体活动的灵活性，寒冷的天气也不利于老人、儿童在户外进行游玩，不能更好地享受冰雪体育旅游的快乐。但辽宁省冬季的室外温度有利于人们在户外进行冰雪体育旅游活动，对冰雪体育旅游爱好者具有极强的吸引力，这样较为适宜的气候环境有助于辽宁省冰雪体育旅游产业开展，使游客在户外的游玩更舒适，延长游客进行冰雪体育旅游的时间，游客可以有更多的时间去体验不同的冰雪体育项目，提高经济效益，这也更有利于辽宁省冰雪体育旅游的发展。

三、辽宁省冰雪体育旅游开展存在的劣势

1.冰雪体育旅游每年开展周期短及雪质较差

辽宁省的冬季并没有黑龙江省和吉林省那样寒冷，每年的1月份是温度最低的时候，2月份天气就开始转暖。相比于黑龙江、吉林两省，辽宁省的滑雪期短，在冰雪体育旅游的经营时间上少于黑龙江和吉林两省，各大滑雪场的营业时间缩短，而像黑龙江的亚布力滑雪旅游度假区每年的营业时间可从11月到4月下旬。冬季黑龙江、吉林两省的降雪量大大超过辽宁省的降雪量，而且雪质比辽宁省的雪质优良，硬度适中，在冰雪体育运动时的体验感更好，像黑龙江的亚布力滑雪度假区每年的积雪期达到170天，积雪深度在30~50厘米，高山积雪在1米左右。这些因素使得辽宁省在开展冰雪体育旅游时与黑龙江、吉林两省相比出现了劣势，是辽宁省冰雪体育旅游落后于黑龙江、吉林两省的自然条件劣势。

2. 缺少大型多功能滑雪场

辽宁省冰雪体育旅游起步比较晚，目前辽宁省内的主要滑雪场地基本上都是属于休闲娱乐性的滑雪场地，且规模与设施也不是特别完善，高级雪道少，大部分是中级、初级雪道，在雪道长度、坡度、难度、数量上都落后于全国知名的滑雪场，像亚布力滑雪场、北大壶滑雪场、长白山滑雪场，在场地、雪道、难度上达不到一些高水平的或是专业的冰雪爱好者的要求，现在只有沈阳的白清寨滑雪场拥有国内标准的专业、高难度的场地。辽宁省缺少大型的综合性的滑雪场地，滑雪场的相关配套设施不齐全，缺少集宾馆、餐饮、购物、休闲娱乐于一体的大型滑雪场，现在的市场消费需求是全面多功能型服务体系，要满足不同消费人群、不同消费档次的消费需求，缺少大型综合性的滑雪场是制约辽宁省走向国内顶尖冰雪体育旅游省份行列的一大劣势。

3. 有关冰雪体育旅游方面的人才较欠缺

冰雪体育旅游的发展离不开有冰雪体育旅游经验的各方面人才，辽宁省是东北地区人才比较突出的省份，但冰雪体育旅游方面的管理、经营方面的人才还是紧缺。虽然辽宁省部分高校开设了冰雪体育专业，但是由于地区局限性，并且人们没有充分认识到这个产业发展的空间，因此培养出来的人才无论在质量上还是数量上，都无法充分满足近年来发展势头强劲的冰雪体育旅游产业发展所需要，并且高学历人才少之又少。冰雪体育旅游相应的具有专业化的管理及营销知识的人才培养还不到位，从业人员专业素质不高，冰雪体育旅游服务质量较差。滑雪场的规划、设计、经营、管理、器材使用维护都是专业性很强的工作，对工作的专业性要求很高。另外，由于辽宁省冰雪体育起步比较晚，冰雪体育方面的人才大多集中在开展比较好的黑龙江、吉林省份。

4. 知名度不高，缺少品牌效应

辽宁省的冰雪体育旅游产业尚未形成品牌效应，如果将冰雪体育旅游看成一件商品，那么现阶段只是它的"产品化"阶段，还没有发展到"品牌化"阶段。提到冰雪体育旅游，人们首先想到的是黑龙江的冰雪大世界、亚布力滑雪旅游度假区，吉林的北大壶滑雪场、万达长白山国际度假区，这些就是他们的品牌效应。冰雪体育旅游传统强省黑龙江、吉林在自然条件上对开展冰雪体育旅游有着得天独厚的优势,黑龙江、吉林两省都成功地举办过世界性的大型冬季体育盛会,如冬亚会、冬季大学生运动会,这些赛事的成功举办是对当地冰雪体育旅游的一种宣传和冰雪体育实力的一种体现。黑龙江的亚布力滑雪度假区现在是国内唯一的世界水平的滑雪场,每年都会举办"亚布力冰雪节",这里还是中国企业家论坛年会的永久会址,被誉为"中国的达沃斯",它形成了自己的品牌,也是中国冰雪体育运动的品牌。万达长白山国际度假区打造的是世界级的旅游项目,滑雪场地与设施、周围的配套设施都是世界一流的。因此,对辽宁省冰雪体育旅游事业进行品牌策划,打造属于自己的品牌,是时代发展的要求,也是自身在消费时代求生存的法宝。目前,辽宁省的冰雪体育旅游事业虽然表面上如雨后春笋,处处繁荣,但没有一个整体的规划,大型综合类的滑雪场少,没有自己的品牌和特色,整个冰雪体育旅游市场知名度不高,缺少举办大型冰雪体育赛事的经验和影响力,虽然辽宁省政府也给其冰雪体育旅游事业做了一些宣传工作,但知名度还有待进一步提高。

四、辽宁省冰雪体育旅游发展的机遇

1. 冰雪体育旅游消费市场增加

随着人们对冰雪体育与旅游产业需求的加大和冰雪体育旅游自身的发展带给人们的惊喜,冰雪体育旅游正融入人们的日常生活。消费能力、消费意识的明显提高使得人们对冰雪体育旅游的需求也越来越大,在国外的很多国家,冰雪体育旅游的收入占体育旅游收入的比重是很大的,甚至可以说冰雪体育旅游的收入是地方财政收入的主力军之一。现在冰雪体育旅游不单单是受北方人喜爱,在我国一些沿海城市和南方城市,人们也慢慢开始喜欢和接触冰雪体育,近年来冰雪体育旅游热在全球风靡。2018年冬奥会的举办,各项冰雪体育赛事高频率的转播,都为冰雪体育旅游的发展提供了有利条件,越来越多的冰雪体育旅游爱好者参与进来,享受冰雪体育旅游带给他们的快乐。据统计,我国居民人均生活消费从2001年的5 309.01元到2009年已经增加到了17 175元,这个数据可以说明我国已经进入小康居民消费阶段,人民对健康休闲娱乐的需求呈现不断增长的趋势,这必将为辽宁省冰雪体育旅游产业的发展带来极大的机遇与挑战。以冰雪体育旅游发展比较好的黑龙江省为例，目前拥有3 185.01万人的黑龙江省，每年接待135万人次的冰雪体育旅游者，而对于人口4 259.14万，交通便捷、旅游资源丰富、经济发达的辽宁省来说，发展的潜力是巨大的。这些数据充分地证明了辽宁省未来冰雪体育旅游发展的巨大消费市场。

2. 政府重视，出台优惠政策

随着体育旅游逐渐成为大众喜爱的热门旅游项目之一，冰雪体育旅游的吸引力也越来越大，现在凡是具备一定条件的地区都会高喊发展冰雪体育旅游的口号，各类冰雪运动项目的普及与发展也使越来越多的人认识和参与到冰雪体育旅游中来。我国近年来也加大对冰雪体育旅游的重视与投入，借2008年北京奥运会和2014年世界青年奥运会的影响力，北京和张家口也在努力地申请合办2022年冬奥会，这对我国冰雪体育旅游事业的发展是个好的机会，这些都足以说明政府对冰雪体育旅游的重视，对于位于东北地区的辽宁省是一个难得的机会。据调查显示，东北地区体育旅游中的收入主要来自冰雪体育旅游，而且正在不断地快速增长，这些也为我们发展冰雪体育旅游提供了一个前提保障。因此，我们应该抓住冰雪体育旅游发展的大好时机，达到振兴辽宁冰雪体育旅游事业的目标。在十二五期间，国家颁布了《中国旅游业"十二五"发展规划纲要》，这个文件中国家就明确提出：未来5年，我国要努力成为世界旅游强国之一，并且也明确指出要加快发展旅游业，坚持改革开放，充分发挥市场在资源配置上的基础性作用，走内涵式发展道路等基本政策。坚持以国内旅游为主，积极发展入境旅游，坚持因地制宜、突出优势特色，坚持可持续发展，合理利用资源，推动旅游产品多样化发展，完善配套政策和措施，不断满足人民群众日益增长的旅游消费需求。国家对于旅游产业发展的重视，对于旅游产业的重视及指导性意见，对辽宁省冰雪体育旅游产业的发展将会起到积极的推动作用。我国旅游产业业绩近年来始终保持着高位的增长速度，这里既有国家对于整体经济产业战略性布局的因素，也与针对旅游产业的微观产业发展政策的开放、扶持有密切的关系。2014年，国务院总理李克强主持国务院常务会议，部署加快发展体育产业，促进体育消费推动大众健身，简政放权、放管结合，盘活、用好现有体育设施，积极推动公共体育设施向社会开放，优化市场环境，积极支持体育企业发展壮大，让大众健身消费助力经济社会发展。由此可见，国家对辽宁省冰雪体育旅游产业发展在政策方面是积极主动推进的态度，因此笔者认为，各市旅游管理部门要在这种有利发展的大政策背景下紧紧地抓住发展的大好契机，根据各自不同的实际条件，快速地制定出科学、系统的发展规划和具体对策，努力使辽宁省冰雪体育旅游产业成为辽宁省地方经济发展的新增长点。

3. 人们健身、休闲意识增强，对冰雪体育旅游需求增大

随着物质水平等的提高，越来越多的人把时间花在休闲健身上，走出室内，体验大自然的魅力，注重生活质量。冰雪体育旅游是寒冷冬季在室外进行的一项刺激的、富有挑战性的运动，寒冷的冬季在室外不适合开展其他体育项目的情况下，冰雪体育运动是人们不错的选择，越来越多的人参与其中，给寒冷的冬季增加了几分激情与快乐，各种节假日的假期，使人们又有了一个长时间放松去享受的机会，这些都适合冰雪体育旅游的开展。另外，竞技冰雪体育运动近年来的蓬勃发展也带动了冰雪体育旅游的发展，人们喜欢上了这个冰雪运动项目，在追求健康和刺激的同时，还和家人朋友一起享受这种快乐，这种独特的吸引力让参与到这个项目中的人数每年都呈上升趋势，这些都足以证明冰雪体育旅游的火热，有了这么大需求的市场，冰雪体育旅游的发展前景是十分可观的。

五、辽宁省冰雪体育旅游的发展对策

1. 加强区域合作建立产业集群

在西方冰雪体育旅游发达国家中，冰雪体育旅游的发展也围绕着体育产业集群，依靠体育产业集群的优势，西方冰雪体育旅游发达国家发展得非常迅猛。而我国冰雪体育旅游事业的发展没有利用好自身的优势，发展好产业集群的力量。辽宁省是我国冰雪体育旅游产业中重要的组成部分，具有得天独厚的自然资源、交通地理优势，建构冰雪体育旅游产业集群，是做大、做强辽宁省冰雪体育旅游产业的良好途径。要想进一步发展好辽宁省的冰雪体育旅游，就必须充分依托得天独厚的资源优势、交通地理优势，凝聚政府、

企业、院校等诸方面的力量，打造完整的冰雪体育产业集群体系，在产业集群中辽宁省冰雪体育旅游业能够获得丰富的产能。在辽宁省以沈阳为中心，发挥周边城市各自的优势，将各城市的自然资源、物力、人力、交通优势与冰雪体育旅游的发展规划相结合，是立足于东北地区发展冰雪体育旅游的战略性举措。冰雪体育旅游在东北地区开展得最好，尤其是黑龙江省的滑雪、冰雕展，吉林省的滑冰，黑龙江省与吉林省的冰雪体育旅游开发得早，无论从场地设施、开展的经验和相关人才的贮备都比较成熟，知名度也高，是全国领先、世界知名的冰雪体育旅游胜地，每年来这里体验冰雪体育旅游的客流量很多。借助辽宁省与黑龙江和吉林两省的天然优越的地理位置，相互接壤，大力合作，促进区域合作，进行人才交流学习，借鉴学习优秀经验，是推动辽宁省冰雪体育旅游大发展的有利途径。

2. 建设大型多功能滑雪场，发展度假式特色冰雪体育旅游

滑雪场地与设施是发展冰雪体育旅游必需的硬件条件，但辽宁省的冰雪体育旅游在场地设施相关硬件条件上落后于黑龙江、吉林两省。达到满足不同水平人群的需要，是现在服务行业发展的走向，因此需要全面多能型的服务体系，让消费者在一个地方满足所有的需求。既然辽宁省在滑雪场的一些硬件条件上，像场地规模、雪道长度、难度、雪质上不如黑龙江、吉林两省，那么辽宁省与黑龙江、吉林两省主打的竞技冰雪体育旅游不同的地方在哪里？笔者认为，辽宁省冰雪体育旅游应通过度假休闲娱乐式的冰雪体育旅游的打造建立自己的特色。近些年来，观光式旅游慢慢转变成休闲度假旅游，冰雪体育旅游也不单单是滑雪类的运动项目，更多的是休闲享受型的旅游。这其中还要有住宿、餐饮、购物、温泉洗浴等各种丰富多彩的服务项目，使消费者达到集健身、休闲、度假于一体的冰雪体育旅游，这是现代社会服务类行业的发展趋势。例如，黑龙江的亚布力滑雪度假区和万达长白山国际度假区等度假区，都已经实现了一体化度假模式的冰雪体育旅游。温泉洗浴因为能给人们带来轻松、健康、愉快感，越来越受到人们的喜爱。辽宁省的温泉旅游资源非常丰富，利用辽宁省的温泉优势与冰雪体育旅游相结合，建立温泉冰雪体育旅游一站式服务。在寒冷的冬日里，一番激情的冰雪体育运动后，享受一下舒适的温泉，一定是人们喜欢的。辽宁省的满族文化

也是一大特色，推出具有满族特色的满族服饰摄影、满族特色的美食、满族特色的雪地游戏来满足不同游客的需求。把冬天里的寒冷也变成一种享受，与东北的火炕、温泉和东北特色的美食相结合起来，打造出"白色"的休闲度假享受，提高住宿条件，增设星级宾馆、休闲购物场所，增加开放大型冰雪娱乐设施，如雪地摩托、雪地轮胎、冰上冰车、雪地游乐场等，在淡季将其转变为高尔夫球场、水上乐园等，这样既可以满足现在消费者的消费需求，也能大大些提高收入。在经济增长的同时，也推动了辽宁省冰雪体育旅游更好、更快地发展。

3. 加大宣传力度，提升知名度

辽宁省冰雪体育旅游的发展缺少宣传和知名度，冰雪体育文化展览或冰雪文化节的增多会把越来越多的媒体、观众和赞助商等各种团体吸引到辽宁省来。通过调查，笔者了解到大众还是愿意参与冰雪文化节目的，只是缺少机会，所以应该增加冰雪文化方面的推广，打造辽宁省冰雪文化节，主打雪的特色招牌。积极策划和开发那些参与性强、具有娱乐性和体验性的冰雪体育活动，这在一定程度上满足了市民多样化的精神文化需求，从而推动辽宁省的冰雪体育旅游。因此，我们应该以各种冰雪文化活动为切入点开拓冰雪市场，为冰雪体育旅游产业的发展带来新的生机。例如，充分利用广播、电视、报纸、互联网等现代化信息传播体系，广泛进行宣传报道，突出冰雪文化、名胜古迹、特色温泉和民族文化等，打造辽宁省冰雪体育旅游形象，让省外和国外更多的人了解辽宁省冰雪体育旅游，让百姓了解和亲身体验冰雪体育旅游活动。

4. 借助竞技冰雪体育运动带动冰雪体育旅游的发展

竞技冰雪体育运动的发展势必会带动冰雪体育旅游业的发展，黑龙江、吉林两省的竞技冰雪体育运动对自身冰雪体育旅游的开展起到了很大的促进作用。全国著名的冰雪体育项目的运动员大部分来自黑龙江、吉林两省，王濛、大杨扬、申雪、赵宏博、周洋都是世界冠军，一提到他们就会想到那里的冰雪体育，这些世界冠军就间接地成为冰雪体育旅游的代言人。冰雪体育运动在黑龙江、吉林有着强大的群众基础，是国家竞技滑冰、滑雪训练基地，在国内外的冰雪体育界有着一定的知名度。相比于黑龙江、吉林两省在冰雪项目上的一枝独秀，辽宁省近年来在空中技巧上取得了不错的成绩，沈阳白清寨滑雪场是我国为数不多的可以承办国际自由式滑雪空中技巧比赛场地和单板U型槽比赛场地之一，是辽宁省唯一可以承接国内外比赛的滑雪场地。在空中技巧项目上取得骄人战绩的韩晓鹏、李妮娜等都是辽宁培养出来的。我们可以借助辽宁省在滑雪空中技巧上的优势，推广竞技冰雪运动项目，带动冰雪爱好者参与进来，以竞技冰雪体育推动冰雪体育旅游的普及，扩大冬季冰雪体育运动的消费群体和提高其竞技水平，宣传辽宁省冰雪体育旅游，使越来越多的人知道辽宁省的冰雪体育旅游，从而促进辽宁省冰雪体育旅游的大发展。

5. 加强冰雪体育旅游人才培养与交流

冰雪体育旅游的发展离不开人才的发展，冰雪专业人员的管理、经营、策划、宣传、场地设施维护管理，以及优秀的冰雪教练，都是冰雪产业需要的人才，因此冰雪体育旅游专业人员发展尤为重要，需加强冰雪体育旅游人才的培养与交流。辽宁省本身是人才大省，是东北地区政治、经济、文化的中心，各行业人才流通频繁，应加强各地区冰雪体育旅游人才交流，向黑龙江、吉林两省学习，与欧美冰雪体育旅游发达国家进行人才交流学习，定期举办冰雪文化交流学习活动，冰雪体育旅游方面人才的强大是辽宁省冰雪体育旅游发展更上一层楼的保障。增加各高校冰雪体育旅游方面人才的培养，开设相关专业，在学习借鉴其他国家或地区发展冰雪旅游成功经验的同时，还可以聘请冰雪体育旅游发展比较发达地区的专业人才来辽宁省指导交流，在指导交流中学习借鉴，总结出好的经验与优势，制定出符合自身实际情况的发展模式与方向，推动辽宁省冰雪体育旅游更好地发展，走国际化、先进化的发展道路。

6. 开发冰雪娱乐项目和冰雪产品

近年来，冰雪体育旅游在持续发展，因此冰雪体育旅游产业的竞争也越来越激烈。在这种浪潮中，有着丰富冰雪资源的辽宁省在冰雪体育旅游方面进步明显，但相比于冰雪体育旅游发展比较成功的黑龙江、吉林两省还存在差距。毕竟，黑龙江、吉林两省在竞技冰雪体育旅游上的开展还是相对比较成熟、稳定的，辽宁省与其在雪场的场地质量、类别、难度、专业性上都是有差距的，这就使得辽宁省要想更好地发展冰雪体育旅游；就需要找出自己的优势，避开劣势，打造自己的特色，在冰雪休闲娱乐项目上下功夫，发展娱乐性的冰雪体育旅游，大力开发冰雪娱乐项目，推出具有特色的冰雪娱乐项目器材。冰雪体育旅游消费者的消费需求日益扩大，消费能力日益提升，结合地域特色、民族特色，推出具有创意的、具有辽宁省地域特色和民族特色的冰雪体育旅游纪念品，推动辽宁省冰雪体育旅游纪念品市场的发展。辽宁省作为东北老工业基地，在设备制造方面还是有一定优势的，因此，抓住冰雪体育旅游纪念品、冰雪娱乐项目和器材的创新与开发，突出辽宁省冰雪体育旅游的特点，做好准确的市场定位，满足消费者的消费需求，加大产品研究创新力度，提升产品质量，提高经济效益，提升知名度，打造品牌。

六、建议

综上所述，我们可以知道，辽宁省冰雪体育旅游的开展落后于冰雪体育旅游开展比较好的黑龙江、吉林两省，主要原因有滑雪场场地设施条件、雪质较差，缺少滑雪场品牌知名度，冰雪体育旅游管理经验的人才较欠缺，冰雪体育旅游每年开展的周期时间短，缺少大型综合性滑雪场等问题。辽宁省冰雪体育旅游的消费者以学生和中年人为主，参与形式以旅行社组团和家庭自主为主，冰雪体育旅游爱好者对冰雪体育器材、服装、餐饮、温泉洗浴、有特色的休闲娱乐项目方面的需求有所增加。冰雪体育旅游消费者在选择冰雪体育旅游目的地时，主要考虑的因素是交通的便捷、消费价格、知名度、场地设施条件、服务种类样式等。辽宁省冰雪体育旅游开展的优势主要是：潜在客源丰富、交通便捷、温泉洗浴和民族特色文化、基础公共服务设施、气候条件等。近年来，政府对发展冰雪体育旅游非常重视，出台了相关的优惠政策，同时大众在冰雪体育旅游方面的消费热情和意识都有了大幅的提高，对体育运动、休闲旅游方面的需求也明显提升。

在此，笔者提出以下建议。

（1）增加游客体验环节。冰雪体育旅游最为主要的特点就是参与性，针对不同的游客群体设置不同的符合游客身体情况、兴趣爱好的冰雪项目，使冰雪体育旅游人人都能参与，可很大程度地提高游客的参与度和在参与过程中的体验感。

（2）提升滑雪场安全措施保障。滑雪场应建立急救中心，配备专业救护人员，利用移动通信设备和全球卫星定位系统增加滑雪救援，提高滑雪场安全系数。在儿童娱乐区则应该配备专门的安全管理员，防止意外发生。在滑雪场内各个人群的密集的地区应安装监控录像，多设安全提示标语，确保冰雪体育旅游人群人身安全。

（3）制定营销策略。要想更好地开发辽宁省冰雪体育旅游资源，就要以该地区的地方特色为基础，开创新型的管理模式。与旅行社建立合作伙伴关系，通过旅行社统一组织游客来到滑雪场，还可以进行辽宁省内周边的名胜古迹旅游，旅行社组织的活动可增加温泉洗浴、度假住宿等活动。针对不同消费群体制定不同消费价格的活动方案，推出团购或是套票的销售方式，增加娱乐性的冰雪活动，充分扩展游客的选择空间。

（4）提高滑雪场非雪期的开发利用。滑雪场应充分利用资源，注重在春、夏、秋三季经营项目的开发，以延长营业时间。滑雪场在非雪期时，可以经营滑草、拓展培训、真人CS，考虑开发露营、野餐、定向越野等活动，提高住宿、温泉、餐饮条件，以达到全年持续性盈利。

（5）根据冰雪体育旅游消费者的需求和建议，对冰雪体育旅游的交通、消费价格、滑雪场知名度、场地设施条件、服务项目种类等方面，有针对性地进行改进和完善。